침묵은 하염없이

침묵은 하염없이

초판 1쇄 발행 2022년 7월 7일

지은이 안경례
펴낸이 장길수
펴낸곳 지식과감성#
출판등록 제2012-000081호

교정 양수진
디자인 정윤솔
편집 정윤솔
검수 이혜지, 이현
마케팅 고은빛, 정연우

주소 서울시 금천구 벚꽃로298 대륭포스트타워6차 1212호
전화 070-4651-3730~4
팩스 070-4325-7006
이메일 ksbookup@naver.com
홈페이지 www.knsbookup.com

ISBN 979-11-392-0513-8(03810)
값 19,000원

- 이 책의 판권은 지은이에게 있습니다.
- 이 책 내용의 전부 또는 일부를 재사용하려면 반드시 지은이의 서면 동의를 받아야 합니다.
- 잘못된 책은 구입하신 곳에서 바꾸어 드립니다.

지식과감성#
홈페이지 바로가기

침묵은 하염없이

"시와 그림이 만나는 시간"

안경례 시화집

자서

내 글에 자서를 올린다니 참 쑥스럽기도 하나 그냥 얹기로 했습니다.

지나온 시간들을 돌이켜 보니, 어려움, 상처, 그리고 그로 인한 하염없는 슬픔과 끝없는 외로움을 이루 다 형용하기도 힘들 만큼 골고루도 겪어 온 것 같습니다.

사랑하는 사람들을 가슴에 묻고 그리워하며 살아야 했던 나날, 기쁜 날보다 슬픈 날이 더 많았고, 또 언제나 하는 말보다 하지 못하는 말이, 보이는 표정보다 가리고 숨겨야 할 표정이 더 많았지만, 더욱더 밝고 환하게 웃으며 지내고자 하였습니다.
그래도 햇볕에 강하면 그늘이 더 짙듯, 늘 춥고 어두웠습니다.

하지만 모든 것이 잠든 고요한 밤이나 아직 어둠이 있는 이른 새벽에, 눈물로든, 기도로든 슬픔이 씻겨 내리면, 언제나 밝고 깨끗하고 맑은 영혼으로 새로운 하루를 시작할 수 있었습니다.

나를 가두었던 그 긴 터널 끝에서 손톱만 한 아침 빛이 점점 커져 오듯이, 나를 위로해 주고 일으켜 세워 주는 창조주의 사랑과, 어려운 환경 속에서도 바르고 곱고 착하게 커 준 사랑하는 딸 리원이와, 마음을 토할 수 있는 시와 다 잊어버릴 수 있는 그림이 있어 얼마나 위안이 되었는지 모릅니다.

진주는 자기의 상처를 보듬어 잘 삭이고 가꾸어 맑고 영롱한 빛을 발하듯, 저의 고통들이 시가 되고 그림이 되었습니다. 이제 이 시와 그림이 고통받고 있는 사람들의 상처를 어루만지고 치유하는 데 조금이나마 공감과 도움이 되었으면 좋겠습니다.

　여중생 때 신문사 주최 백일장대회 시상식에서 이병훈 선생님을 처음 뵈었습니다. 제가 선생님 나이가 될 때까지 잊지 않으시고, 저를 다시 일으켜 세워 주셔서 선생님께 감사드립니다. 그리고 시인 이희찬 님이 있어 다시 시를 쓸 수 있었습니다.
　그림을 그리라고 미술도구를 선물해 주신 화가 박남재 교수님과, 십 년 가까이 그림을 가르쳐 주신 화가 전광수 선생님께 감사드립니다.

목차

4_ 자서

제1부
그대의 이름

12_ 해바라기

14_ 부칠 수 없는 편지

16_ 겨울의 한복판에서

18_ 산호반지

21_ 채송화 꽃

23_ 산에게

25_ 인연

26_ 봄에 쓰는 엽서

28_ 산수유 꽃그늘에 앉아

30_ 설록차

33_ 신혼부부

35_ 느티나무 아래서

36_ 나무가 대지에게

38_ 첫사랑은 커피 속에

39_ 늦가을 밤에 달을 보다

40_ 등대

42_ 앉은뱅이 꽃 2

44_ 견우와 직녀

47_ 그대의 이름

48_ 걸레

제2부
벚꽃에 바람 불다

52_ 채석강

54_ 소금

56_ 오마 샤리프

59_ 이후로도 오랫동안

60_ 토요일

62_ 겨울나무 1

65_ 겨울나무 2

67_ 벚꽃에 바람 불다

68_ 바람 부는 날

71_ 함박눈 내리는 날

73_ 소설(小雪) 2

74_ 바이올린의 G현

77_ 화병 속의 장미 1

78_ 징검다리에 앉아서

80_ 커피 타임

83_ 때늦은 파종

84_ 눈에 피는 안개꽃

86_ 안개

88_ 재산세 자진신고

90_ 넝쿨 식물, 러브 체인

92_ 옛사랑

제3부
검은 모래찜

96_ 낡은 부츠

98_ 옥바라지

100_ 산속을 거닐며

102_ 건지산 제비꽃

104_ 흐림에서 맑음으로, 맑음에서 흐림으로

106_ 첫사랑 증후군

109_ 인생은

110_ 소낙비 사랑 1

112_ 소낙비 사랑 2

114_ 감기

116_ 독감

118_ 무기수(無期囚)

120_ 모노 환자

122_ 검은 모래찜

125_ 헝겊 해바라기 꽃

126_ 날아간 동백화분

128_ 상봉

130_ 대문 1

132_ 베트남 풍경

134_ 미망인 1

136_ 미망인 2

138_ 상록 해수욕장 2004년 7월 30일

제4부
사기등잔

142_ 유년시절

144_ 빨간 토마토

146_ 사기등잔

148_ 춘포 간이역에서

150_ 기린봉에 달 뜨면 1

152_ 기린봉에 달 뜨면 2

154_ 화가 박남재

155_ 내 친구 영희는

157_ 봄꿈

159_ 유전

160_ 즐거운 성묘

162_ 늦된 누나 어른스런 동생

164_ 하염없이 1

167_ 하염없이 2

168_ 지리산 옹달샘

170_ 허수아비

172_ 산동면의 봄

174_ 백일홍 나무

176_ 동편제

179_ 바이올렛 꽃

180_ 비정상의 나날

182_ 13세부터의 구조대원

184_ 평론 – 생의 질곡(桎梏)과 '낙원성'

201_ 후기

203_ 출전

제1부

그대의 이름

해바라기

해가 진 후
정원에 물을 주다
푹 고개 숙인 해바라기를 보았습니다

당신을 보내야 하는 설움에
가슴엔 새까만 씨앗들이 여물어 갔습니다

이제 사랑하지 않으리라는 스스로의 다짐은
가슴에 쇠못을 박는 듯
깊은 상처가 되었습니다

아침이 되면
밤새 아파 신음했던 그 자리에
한 송이 노란 꽃을 피웁니다

지금까지 나를 지탱하게 하는 건
당신을 향한 지독한 목마름 때문인지
머지않아 당신도 나를 사랑하리라는 환상인지
오늘도 당신만을 바라보며 기다립니다.

부칠 수 없는 편지

고교 시절
말 한마디 못 하고
짝사랑했던 오빠가
내 친구와 결혼을 했다

나는 충격에
사랑하지 않는 사람과 서둘러 결혼했고
이혼을 했다

친구가 속상한 푸념을
행복한 투정을
나에게 와서 하루 종일 말하면
들어 주고 달래서 보낸 뒤,
그대 보내고
들판 서성이던 그날처럼
아무도 모르게 울었다

그렇게 수십 년을 흔들리고 있다
달을 따라 피는 달맞이꽃처럼
달이 뜨지 않아도 피는 달맞이꽃처럼
내 설움의 길을 아는 이
내 아픔의 길을 아는 이

다 위로받고 싶어도

그대는 그대 가정을 사랑하고
나도 그대 가족을 사랑하니

생각이 나면 생각나는 대로
그리우면 그리운 대로
이렇게 부칠 수 없는 편지라도 쓴다.

겨울의 한복판에서

당신이 차지하는 땅이 얼마나 넓은지
당신이 내린 봄빛이 얼마나 깊은지
보이지 않아 알 수 없어요

당신에겐 내가 무슨 의미인지
당신도 내 생각에 눈시울이 뜨거워지는지
말하지 않아 알 수 없어요

하지만 언제부터인가
얼어붙은 겨울 강을 녹일 듯한 따스함이
눈빛에 가득하고
얼음 속에서도 물 흐르는 듯한 부드러움이
목소리에 젖어 있음을 알았어요

길 없는 길, 깊게 패인 골짜기
그루터기로 남은 내 삶에
녹빛을 깨워 주는 바람
바람이 이는 이유를 이제사 알겠어요.

산호반지

내 가슴엔 빨간 산호가 자라고 있나 봐요
세상에서 제일 깨끗한 홍해 바다
깊은 물속에 산다는
빨간 산호가 자라고 있나 봐요

파장이 짧은 빛을 흡수해
파장을 길게 만들어 방출하고 있어요
빨간 산호같이 눈부신 아름다움을

아내의 가치를 산호보다 훨씬 귀하다고 하니*
내 온몸의 노역, 전신의 힘을 더하면
어느새 빨간 산호 반지로 빛나고 있네요

넓은 바다 깊은 자리에
나뭇가지 모양의 군체를 이루며
날마다 키를 높이는 내 빨간 산호

세상의 비바람 속에서도
날마다
무엇이 빛이 되는지
무엇이 파장이 길지 살펴보고 있어요

속으로 갈수록 단단함을 다지는 것은
오직 당신만을 위하려는 굳은 다짐이어요.

* 성서 잠언 31장 10절

채송화 꽃

당신은
나 만나기 전 다른 여자를 사랑했고
아직도 그 여자를 정리하지 못하는데
나와 결혼했다 하시네요

내 사랑이
나를 아프게 해요
당신의 그 사랑이
나를 슬프게 해요

사방 벽을 장식하는 내가 그린 유화들
숨이 멎을 것같이 아픈 표정인데
소리 내어 울지도 못하고
그리움의 울타리에 갇혀
당신 돌아오기만을 기다려요

당신 아니면 움직일 수도
옮겨질 수도 없이
납작하게 엎드려 핀
나는 앉은뱅이 꽃
당신의 아내예요.

산에게

외로움 견딜 수 있을 때까지 견디다
더 이상 견디기 힘들 때
당신을 찾아가면
당신은 언제나
그 자리에 그대로 있습니다

당신을 알고 싶어
당신을 찾아가면
봄비에 꽃망울 열심으로 피웠다가
가을바람에 잎마저 모두 떨어뜨리면서도
흔들림 없는 당신의 침묵 앞에
나는 아무것도 물을 수 없습니다

강물 속에 산 그림자 드리우면
강물은 더욱 깊어지듯
빈 가슴 가득 채워 주는
당신의 넉넉함 하나만으로도
나는 아무것도 욕심낼 수 없습니다

내가 외로울 때
찾아갈 당신이
아직 그 자리에
그대로 있다는 이유만으로도
나는 어떠한 외로움도 견딜 수 있습니다.

인연

당신이
나뭇잎을 흔드는 바람이라면
나는
길가에 서 있는 플라타너스 나무 가지

당신이 한 번 흔들고 가면
나는 열 번은 더 흔들립니다

내가 한 번 흔들리면
당신은 열 번은 더 뒤돌아보고

살아 있는 것들은
추운 겨울에도 항상 분주합니다

들판을 달리는 눈발들은
하나의 조화를 이루며.

봄에 쓰는 엽서

당신을 만나고 싶어 부풀어 있을 때
내 마음은 버드나무이고 싶어요
당신을 보며 들떠 지껄일 때
내 입술은 참새이고 싶어요
당신과 헤어져 혼자일 때도
꽃처럼 바람처럼 당신을 감싸는
향기이고, 느낌이고 싶어요

당신에게 있어 나는
가득한 기쁨이고 싶고
가장 깊숙한 비밀이고 싶어요

절실한 마지막 사랑이어야 하니까요
당신의 춥고 어두운 겨울을 잠재우고
훈훈한 봄을 일깨우는
맑고 깨끗한 물이어야 하니까요

곁에 없어도 햇빛처럼 따스하고
잡히지 않아도 아지랑이처럼 느껴지고
보이지 않아도 움트는 목련처럼
활력의 뿌리이고 싶어요.

산수유 꽃그늘에 앉아

산수유 꽃그늘에 앉아
지난 세월 아쉬워하던 님이여

매화 밭에 앉아 가녀린 제비꽃 만지던
내 손이 예쁘다 말하던 님이여

가뭄 든 우리 마음에 단비처럼
봄날 아지랑이처럼 일렁이는 사람이여

선운사의 동백처럼
붉고 뜨겁게 물들어 볼까요

너무 멀리 있어
늘 그리운 사랑이여

꿈속에 있어 깨고 나면
늘 허전한 님이여.

설록차

처음 당신을 만났을 때
티 없이 맑은 눈빛에 빠져들었습니다
탁하고 자극적인 것들에 익숙해진 내게
당신의 투명함은 감동이었습니다

당신이 내 품에 안겨
첫 입맞춤 하던 날
내 머리는 맑아지고
내 몸 구석구석 더러움이 씻기는 걸 느낄 수 있었습니다

당신은 처음 볼 때보다
다시 만날수록 정이 들고
더 깊이 빠져드는 것은
당신의 순수함 때문입니다
당신의 진실 앞에
나도 정직해지는 걸 알았습니다

이제 우리는 서로를 떠나지 못합니다
당신이 내 안에
내가 당신 안에 잠길 때

우리의 모습은 더 아름다워지고
더 이상 바랄 게 없는
깨끗한 사랑이 되어
우리는 행복하기 때문입니다.

신혼부부

당신 팔을 베고 누워
아가처럼
당신 가슴에 파고들 때면
당신의 따스한 체온이
부드러운 사랑이 되어
내 몸과 마음을 녹여 줍니다

금세 보고도
돌아서면 다시 보고 싶고
설레임으로 매번 기다려지는
당신은
이 세상에서 가장 편안하고 포근한
나의 둥지입니다

그래서 당신은 오늘도
내 안에 힘 있게 숨 쉬는
나의 맥박
나의 심장이지요

내 마음 오직 당신 위해 열려 있고
내 몸 오직 당신 위해 살아 있어
오늘도 당신은
나의 맥박
나의 심장이지요.

느티나무 아래서

11월의 우리는 느티나무입니다
낙엽이 지고 나면
앙상하고 춥습니다

보고 싶다는 말도
사랑한다는 말도
아직 해 본 적이 없는 당신께로
나는 용기 내어 다가갑니다
그러면 당신은
겸연쩍게 웃기만 합니다

하고 싶은 말
가슴에 묻어 두면
병이 깊어진다는 것을 모르시는지
아직도 사랑을 모르시는지
무거운 침묵으로
당신은 혼자입니다

이 겨울이 가면 아아
당신의 가슴에 사랑이 생기려는지요
보고 싶으니 달려오라고
사랑하니 곁에 있어 달라고 말씀하시려는지요

당신이 활짝 웃으며 두 팔 벌려 맞아 주는 날
나는 파릇한 새싹으로
윤기 나는 잎으로
당신을 가득 채우고 싶습니다
당신을 가장 멋진 거목으로 만들고 싶습니다.

나무가 대지에게

당신은
지켜보고 계셨는지요
내 슬픔의
마지막 잎새마저 다 떨어뜨리고
맨몸 하나로 쓰러지면서도
당신을 찾아 나서는 긴 여정을

당신은
알고 계셨는지요
뿌리들이 서로 엉크러질 때
아름다운 숲을 이루는데
밑동 잘려 엉크러질 수 없는
내가 지쳐 돌아오리라는 것을

당신은
기다리고 계셨는지요
내 상처를 감싸 주며
새로운 연록의 잎들을 피우는
이 세상에서 가장 평온한 집
당신의 품으로 돌아올 때를.

첫사랑은 커피 속에

그리움이 나에게 말을 걸어오는 날은
허전한 마음 채우려
커피를 마시네

밖으로 내보이면 죄가 되어
소리 내어 부를 수 없는 이름이여
항시 가슴에서
새처럼 귀소하고 있는 사람이여
바람 되어 속살에 와닿는 사무침이
노을 진 하늘을 물들이네

그대 떠난 그늘 진 자리에
사랑했던 기억들은
녹아들고 어우러져 뜨거운 잔
우려낸 시간들을 마시네

그대의 잔잔함과 내 향기가
절절한 그리움으로 끓어
정다운 갈색으로 물들면
조심스럽게 펼쳐 보는 추억 속의 얼굴
잔 가득 아른거리네.

늦가을 밤에 달을 보다

당신을 그리는 마음
한 코 한 코 고운 털실로 뜨개질하면
달은
조용히 지켜보다
흔적도 없이 진다

더 높이 떠오를 수밖에 없는 그대
더 멀리 보낼 수밖에 없는 나

달이 깊고 깊은 오지랖 속
빈 뜨락으로 스며들면
소스라쳐 창문을 연다
부끄러워
솟구치는 뜨거움이여.

등대

이렇게 멀리 떠나 있어도
이렇게 오래 헤어져 있어도
안전히 귀항할 수 있는 건
당신이 있기 때문입니다

55년의 세월 속에
암초에 부딪쳐 산산조각이 나고
폭풍에 난파되어
망망대해 한가운데 표류할 때도
중심을 잡고 버틸 수 있었습니다

여고 시절
단발머리 흰 칼라 단정한 교복 속에
은밀한 첫사랑으로 자리했던 당신
사는 날 내내
내 그리움의 등대가 되어
아직껏 따뜻한 불빛으로 빛나고 있습니다

멀리 떨어져 살아도
오래 헤어져 살아도
잘 지낸다는 소식만으로도 행복했는데
32년 만에 친구 어머니 장례식장에서

그대 만나고 난 뒤
잘 참아 온 내 설움
방파제 터진 듯 아픕니다

온 생(生)을 지켜 온 나의 그리움
그대에게 보이고 싶은 간절함이
이제라도 그대의 깃발이 되어
사랑을 보상받고 싶은 욕심으로 흔들립니다

하지만 당신은 당신의 가정을 지키는 등대
나도 끝내 내 사랑 숨기고
나를 지키는 등대로 살아야겠지요.

앉은뱅이 꽃 2

당신을 보내며
나는 아무 말도 못 하고
나를 두고 가며
당신도 아무 말을 못 해요

떠나는 뒷모습이
보내는 내 모습이
노을이 져 버린 서쪽 하늘처럼
왜 이리 쓸쓸해 보이는지요

당신을 보내고
현관문을 걸어 잠그고 나니
어두워지는 하늘만큼
우리의 미래는 막막해 보이고
불도 켜지 않은 아파트 속처럼
캄캄한 현실 앞에
망연히 서서 서쪽 하늘만 원망해요

떠나면 어둔 밤처럼
나를 까맣게 잊어버릴 그 사람을
왜 아직도 사랑하는지

한 번도 일어나 같이 걸을 수도
따라나설 수도 없는
앉은뱅이 사랑을 왜 하는지

아무것도 욕심내지 않고 퍼질러 앉아
서럽게 우는 사랑이
언제나 꽃을 피울 수 있는지.

견우와 직녀

보고 싶어
같이 있고 싶어
이렇게 힘들어하면서도
나는 전화를 할 수가 없습니다

잔잔한 연못 같은 당신의 가정에
돌이 될까 봐
당신을 힘들게 할까 봐
삼복더위로 푹푹 찌는 날
침대에 엎드려
머리까지 이불을 뒤집어쓰고
소리 죽여 웁니다

눈물이
하염없이 흘러내려도
내 그리움은 지칠 줄도 모릅니다

얼마나 기다려야
당신은 내 사랑이 되어
내 곁에 있을 수 있나요
평생 그리워하면서 살다가
끝나게 되나요

지금껏
나를 살아 있게 하는 건
나를 지켜 주는 건
당신을 향한 그리움인데

다른 사랑과 가정을 이루고 사는 당신께
내 마음 내보일 수 없어
내 사랑은 참 아픕니다
단 하루만이라도 견우와 직녀도 못 되는
내 사랑은 참 슬픕니다.

그대의 이름

깊은 어둠 속을 헤맬 때
그대 이름을 부른다
깊은 어둠 속을 헤매고 싶지 않지만
날마다 깊은 어둠 속이다
그만큼 나의 불행한 세월
그러나 나는 행복을 꿈꾼다
불행한 그대를 위하여
오히려 나는 행복을 꿈꾼다

어둔 밤
방 안을 환하게 하려고
전깃불을 밝히듯이
그대 불행한 내면을 밝게 하려고

내 입술이 부르는
그대의 이름
사랑스러운 이름.

걸레

책상 위 하루치의 먼지
유리창의 황사비 얼룩
싱크대 밑 기름때
가구 밑 숨어 있는 해묵은 솜털먼지
구석구석 닦아 낸다

시커멓게 더러워지면 베란다로 나간다
수돗물 틀어 놓고
빨랫비누로 박박 문지르고 방망이로 두들겨 팬다
그래도 때가 깨끗하지 않으면 대야에 넣고
가스레인지 위에 올려 푹푹 삶는다

뜨거운 비누 거품 넘치고 나서야
찬물에 말갛게 헹구어 내지만
긴 자루가 있어
수건도 못 되고 행주도 못 되고

내 어지러운 상념도 여러 번 헹구어 내면서
깨끗한 걸레가 되는 법을 배운다
남편 앞에서 싫다는 내색도 못 하고
자녀 앞에서 아프다는 투정도 못 하고
뒤틀어진 심사를 겨우겨우 추스른다

하루 일 끝난 뒤
글을 쓰다 만 붓처럼
한쪽 구석에서 다소곳이
오늘도 가족을 기다린다.

제2부

벚꽃에 바람 불다

채석강

늦가을
바람이 부는 날
변산반도 서쪽 격포 해변을 걷다

파도는 채석강 바위 앞에 부서지는데
단 한 번만이라도
뜨겁게 사랑하고픈 마음
얼마나 간절하면 겹겹이 포개고
속에 맺힌 말
얼마나 많으면 층층이 쌓아
절벽을 만들었나

모든 것으로부터 단절시키고
철저히 고립시키다 보니
무거운 절망이
지난 기억들 짓누르고 있나

노을이 타는 그리움
밀물처럼 밀려와 붉게 착색되네
잊어야 할 아픔들
썰물처럼 쓸어 가 하얗게 밀려가네

따개비
따개비
과거에 매달리는 건
당신을 뿌리칠 힘이 없어서이다
파도와 포말에 갯바위가
시나브로 씻기듯
당신을 시나브로 잊기 위해서이다.

소금

당신과 이별한 뒤
혼자 정처 없이 여행을 하다
눈이 부시도록 넓게 펼쳐진
신안군 증도면 염전밭에 왔지요

바닷물을 가두고 햇볕 초대하다 보면
하얀 소금만 남듯
내 몸속에 당신을 가두고 세월 초대하다 보면
내 사랑으로 남나요

슬픈 꿈은
소금처럼 쌓였다가
종내 사그라지고
짜디짠 눈물로
뺨에 흐르고 마는데

희망과 절망이 번갈아 밀물과 썰물이 되는
기다림의 끝자락
다시 가슴앓이를 시작하는 사람처럼
너른 들판 가득
그리움이 찬란해져
소금이 되는 건가요

깊은 밤
오래오래 별자리 쳐다보던 날들도
투명한 알갱이가 되어
쌓여만 가면서
가슴속 소금이 되는 건가요.

오마 샤리프

스산한 바람이
첫눈 뿌릴 것 같던 날
예술회관 미술 전시실에서
닥터 지바고를 만났습니다

아니,
영화 닥터 지바고의 주인공이었던
오마 샤리프를 닮은 사나이가
느린 걸음으로
깊게 패인 눈으로
오래오래 그림 앞에 서 있는 것을 지켜보았습니다

난 타임머신을 타고서
옛날로 날아갔습니다

광활한 시베리아 벌판의 눈부신 백설
눈썰매에 몸을 싣고 토냐와 함께
아들과 함께 우리아틴으로
바리끼노로 이사 가던 유리를 떠올립니다

유리는 의사이면서도 마음이 순정한 시인이었지요
시골집 거미줄 엉킨 거실

먼지 쌓인 책상을 닦아 내고서
시를 쓰던 모습도 떠올립니다
책상 서랍 속 잉크병을 꺼내
백지에 써 나가던 글씨들도 떠올립니다

눈 쌓인 지평선 너머로 멀어지는 연인은 라라
계단 위로 올라가
다락방 유리창을 깨고서
젖은 눈으로 멀리멀리 바라보던
지바고의 이별도
발랄라이카의 음률과 함께 떠올립니다.

이후로도 오랫동안

남원 광한루 앞마당을 돌아 나와
첼로 커피숍에 앉은 우리는
소녀 시절 얘기에
커피가 식는 줄도 모르고 즐거웠지만

산등성이 희끗희끗한
정령치에서
팔짱을 끼고 사진을 찍던 날은
하늘도 바람도 함께 엉키었다

그대 떠난 그늘진 자리엔
잃어버린 시간들
되돌아갈 수 없는 현실 속에서
아련한 기억을
불러일으키는 옛 사진만 덩그라니

이제 미워하고 싶다 되뇌어도
일기장 갈피에서
매일매일 순결하다
이후로도 오랫동안 가슴이 시린

눈꽃.

토요일

가을이
붉은 빛깔로 익어 가는 토요일
알 수 없는 힘에 끌려
강가로 떠나고 싶은 이유는 무엇일까

당신이 떠난 빈자리
이토록 저미는 아픔인 것을
뒷모습 희미해지면서
멀어져 가는 타인이여

긴긴날 두 팔 벌려 잡으려 해도
새가 되어 맴돌며 날갯짓만 하고
당신의 빈자리에 안주하지 못하는 현실이여

긴 그림자 끌고 강가에 서면
물결 따라 밀려오는 그리운 얼굴은
강 위 별빛이 되고 달빛이 되어
유리 무늬 같은 반짝임으로 흔들리고 있어라.

겨울나무 1

보인다
창문을 닫아도 보인다

문을 잠그고 커튼을 내려도
내 가슴에 한 그루 나무로 심겨진 너는
"사랑은 기다림"이라고 말을 한다

네가 남겨 놓고 간 (존재와 무)가
빈자리를 차지하고 있기 때문만은 아니리라
네가 없는 자리에
네 흔적이 남아 있기 때문만은 아니리라

존재와 무는 함께 공존하는 것인지
낮술의 취기보다 더 독한
외로움을 마신다
어! 취했나?
나는 흔들린다

창문을 닫아도
네가 보인다.

겨울나무 2

창을 열면
건지산 산등성이에
앙상한 뼈를 지탱하며
우뚝 서 있는 네 모습이 보인다

푸른 이념 다 떨쳐 보내고
몸에 밴 슬픔을
드러내지 않기 위해
팔을 하늘로 펼치고
당당하게 서 있는 네 모습을 본다
살을 에는 듯한 바람 속에서도
추위를 안으로 다지며
알몸으로 맞서 움츠러들지 않는 네 모습이 아름답다

햇살이 눈부시던 날
따스한 손길이 시린 네 어깨를 감쌀 때
언뜻 눈물을 훔치는 네 얼굴이 보인다
지금껏
너를 지탱하게 해 준 힘이 슬픔이란 걸 알면서도
네 슬픔이 흔들리는 것이 보일 때면
나는 너에게로 달려가는 봄빛이고 싶다

오늘도 창을 열고
너를 본다.

벚꽃에 바람 불다

벚꽃이 만발한 밤길을 걷습니다

어둠처럼 캄캄한 절망 앞에서
살아 있음 흔들어 일깨워 준 바람이여

당신을 떠나
아무 데나 갈 수 없다며
매달리려는 집착이
부질없는 몸짓임을 알았을 때

연분홍으로 물든 가슴 드러낸 채
길 위에 사그러질 것 같습니다

언제나 머무는 시간은
여우비처럼 짧고
뒤틀거리며 돌아서 가는 뒷모습은
여름 저녁노을처럼 너무 깁니다

꽃은 가지에서 떨고 있습니다.

바람 부는 날

바람이 부는 날
원평 저수지에 간다

차디찬 물 위로 무리 지어 날고 있는
청둥오리의 다정함이
찬 바람 속에서
나의 체온을 따습게 했다

오늘 저녁
어스름으로 물들어 가는 물결 위로
주인 없는 빈 배 하나
건너편 집들의 불빛이 아른거리는데
그리움은 비어 있는 마음이라며 쓸쓸히 웃던
그대의 얼굴이 흔들린다

비어 있기 때문에 채워지기를 바라지만
길은 늘 거리를 두고 바라만 보게 한다

세월이 지날수록
그대의 얼굴은 볼 수 없어도
가슴속에서 지워지지 않는
그리움은 기다림을 낳는가

그대를 향해 달려갈 수 없어
빈 배 위에 넘치다 쓰러지는 바람
바람의 흔적에 매달린다.

함박눈 내리는 날

올겨울은
유난히 눈이 많이 옵니다
오늘도 창가에 앉아
앞산의 나무들과
나지막한 과수원의 배나무, 복숭아나무들 위로
분간할 수 없는 강풍과 함께
쏟아지는 함박눈을 봅니다
당신이 계신 무덤가에도
이렇게 눈이 많이 내리는지요
가만히 베란다 문을 열고
눈을 맞으려 하면
어느새 물이 되어 흘러내립니다
창문을 열어도 닫아도 올 수 없는 당신이
창에 가득 안개꽃송이 같은 모습으로 아른거립니다
함박눈도 당신처럼
온 세상을 그리움으로 채울 수 있을까요
언제나 침묵으로 가두는 그대여
이제 그만
세상 밖으로 나를 데려가 주오.

소설(小雪) 2

갈대로 흔들리고 싶은 날이 있다
추억의 힘에 이끌린 나는
철새들처럼 금강을 찾는다

그대 타인이 되어
손길 닿지 않는 그리움 되어
새의 깃털처럼 흩어지면

이토록 저미는 아픔도
또 다른 충만을 위한
나의 행복인 것을

흰 눈이 풀, 풀, 풀, 나를 일깨우면
나는 두 팔 벌려 창공을 날고 싶지만
기러기들처럼 청둥오리들처럼
외로움은 떼 지어 밀려온다
눈이 내리면 내릴수록
나는 더욱 설레인다

지금은 오후 세 시
눈이 조금씩 내리고 있다.

바이올린의 G현

G선상의 아리아를
바이올린 G현으로 연주합니다

슬픔은
떨리는 소리로도
말을 잇지 못하게 합니다

가슴에 넘치는 그리움은
밤바다처럼
흐느낌으로 짙게 출렁입니다

이 밤
자지러지게 기침을 토하듯
가슴을 찢는
사랑의 오열이여

지금 우리는
강물을 가로막는 절벽 앞에
서 있습니다.

화병 속의 장미 1

화병 속의 장미 활짝 웃고 있다
수줍은 듯 맺혀 있는 봉오리들
더욱 사랑스럽다
꽃이 오래 피어 있으라고
매일매일 깨끗한 물을 갈아 주었다

맺혀 있던 꽃망울들 하나하나
아름답게 꽃을 피우는데
줄기는 아래쪽부터 시들고 있다
물에 설탕을 넣어 주면
줄기도 싱싱해질 거라는 기대로
오늘도 물을 갈아 준다

어김없이
화병 위에 꽃은 예쁘게
피어 웃고 있는데
화병 속의 줄기는 무너지고 있다

화단에서 꺾이는 순간
화병의 물속에 잠기기 전부터
이미 죽어 가기 시작했다는 것을
왜 몰랐을까

아래쪽이 저렇게 흐물거리면서도
아무 내색도 없이
아름답게 꽃을 피울 수 있다니
쓰다듬는 손길 위로
뜨거운 눈물이 떨어진다.

징검다리에 앉아서

징검다리 한가운데 앉아서
발 담그고 놀았어요

발바닥에 밟히는 자갈들은
작고 동글동글한 게 참 이뻤어요
하얀 조약돌
검은 조약돌
모두 모두 웃고 있는 것 같았어요

한 움큼 떠서 마셔도 될 만큼
맑은 물은 아깝게 아깝게 흘러가는데
찰방찰방
두 발로 물방울을 일으키며 놀았어요

오랫동안 들어 주고,
오랫동안 침묵해서 편한 너에게
얼마나 많은 사람들이 와서 털어놓는 게
어디 눈물뿐이었겠어요
산천이 저리도 파랗게 멍드는데
어디 젖은 몸뿐이었겠어요
가고 싶어도 못 가는 것이
어디 너뿐이냐 했겠어요

지나가는 사람은 아무도 없고
앞산에서 뻐꾸기도
자꾸만 울어 쌓고

나 혼자 까딱도 않고 있으면
비늘이 예쁜 송사리들이
겁도 없이 내 종아리 사이로 지나가고
또 지나가고 하였어요.

커피 타임

가로수가 쓸쓸한 저녁 여섯 시
옛 음악이 있는 찻집에 들어선다

고풍스런 액자 아래
늘 만나던 자리에 앉으면
DJ의 손끝에서
갈색 커피 향처럼 퍼지는
이브 몽땅의 "고엽"

나직한 선율은 첫사랑의 이름을 부르는데
눈을 감으면 바람 부는 날
바바리 깃을 세우고
플라타너스 아래로 걸어가는
젊은 남자가 보인다
그 사람의 장래 희망은
릴케 같은 시인이라 했는데………

탁자의 유리병에 주홍빛
향기로운 장미꽃아
나는 지금 중년의 얼굴로 다소곳이 앉아 있지만
눈을 감으면
나는 아직도 스물두 살 처녀다
연초록 잔디밭을 걷고 있는

눈 떠 창밖을 보면
노을 비낀 그리움이
아스팔트에 붉게 깔리는데
지나간 사연들이 너무 아름다운가 보다
가을바람이 내 추억을 데리고
여행을 떠나고 있다.

때늦은 파종

얼마나 깨끗해야 하는지
심겨진 씨앗들은 안다

때로는 가늘게
때로는 세차게 떨어지던 빗줄기가
흙물을 끌어당겨 몸을 섞으려 해도

풀꽃 하나 피워 내지 못하고
시름시름 앓다가 시드는
한여름 대낮의 싹들은 안다

아무리 흥건히 적시어도
불륜이 사랑이 될 수 없듯

우리가 깨끗해야 사랑을 할 수 있고
우리가 사랑해야 꽃을 피울 수 있다는 것을
하늘에서 내려온
소낙비는 안다.

눈에 피는 안개꽃

그대 얼굴이 떠오른다
나 생지옥의 고통 속에서
이마를 짚고 고민할 때에
그대 얼굴이
내 그리움을 가득 채운다

무거운 머리를
그대 가슴에 파묻고 싶은 지금
피 터지는 가슴속을
그대에게 위로받고 싶은 지금
내 사랑아
글썽이는 내 눈에
그대가 맑은 액체로 희미해진다
안개꽃처럼 희미해진다.

안개

그대를
배웅하려고 밖으로 나가니
안개가 자욱했습니다

언제 다시 올 것인지
약속할 수 없다는 것을 알고
지척을 분간할 수 없는 안개 때문에
이 밤 위험 속으로 더욱 보낼 수 없다며
그대를 붙잡았습니다

안개가 걷히면 돌아갈 그대
헤어질 시간은 왜 이리 빨리 오는지…………
기약 없이 헤어지는 그대의 마음도
나처럼 아프신가요 묻고 싶었지만
뿌연 하늘만 올려다보았습니다

그대가 떠나간 뒤
그리움이 안개처럼
내 시야를 흐리게 하는 것인지
안개가 끼는 날들이 참 많습니다
이렇게 오늘도.

재산세 자진신고

과세대상
호성동 LG동아 아파트 103동 1501호
24평 아파트
재산세 3만 2천 원
고지서가 나왔다

바보 같은 세무서 아저씨!
거실에서, 발코니에서
살아서 숨 쉬고 향기를 풍기는 진짜 재산을 모르고,
콘크리트 네모 상자가 재산의 전부인 양 고지서를 보냈으니
구청에 정정 신고라도 할까 보다

혼자선 들 수 없는 스무 살짜리 벤자민, 군자란
녹색 커튼처럼 창가에 늘어진 열 살짜리 스킨
청자 화분 위에 수려한 자태의 양란
날아오를 듯 푸른 날개를 편 풍란
섬세한 이파리로도 풍성하게 그늘을 드리운 아스파라거스
보라색으로 다홍색으로 하얀색으로 꽃피는 바이올렛
화분의 종류는 마흔 가지도 넘는데………

이 많은 재산들을 신고해야 하나 말아야 하나
아름다움의 가치가 사람의 영혼에 있을 때는
값을 매길 수 없다는데………….

넝쿨 식물, 러브 체인

늘어진 러브 체인
줄기와 잎들 잘라 버렸다
거실 오디오 위 새하얀 사기화분에 다소곳이 앉아
푸석푸석 말라 버린 흙만 쌓여 있다

아무 기척 없어 죽은 줄 알았는데
한 달이 지나
실 같은 줄기 무수히 내리더니
하트 모양의 앙증맞은 잎들을
마디마디에 두 개씩 맺었다
그대로 두면 계속 자라
거실 바닥에 누워 버릴 것만 같아
줄기를 또 잘라 냈다

다른 여자의 자식이 된 내 새끼들
다른 남자의 아내가 된 에미는
하얗게 잊어버리려
마음의 줄기도 잘랐다
며칠이 지난 뒤
잘라 낸 그 줄기마다 두 개의 줄기가 나오더니
또 일정한 마디마디에
두 개의 잎들이 더 다정하게 매달려 있다

자식을 지키지 못한 미련
에미를 향해 원망도 했겠지
새 터에 뿌리 잘 내리라고
전화도 하지 말자 다짐했다

달이 바뀔수록
더 사무친 그리움으로
해가 바뀔수록
더 시린 외로움으로
마디마디 매달린 잎들을
나는 바라보고 있다

한 줄기 잘라 내면 두 줄기 되고
두 줄기 잘라 내면 네 줄기 되어
잘라 낼수록 더 풍성해지는 러브 체인.

옛사랑

오지 않을 사람이란 걸 알면서도
달이 바뀔 때마다
다시 설레며 그를 기다리다
깊게 절망한다

그리움은 설움으로 사무치고
사랑은 헤어짐으로 더 외로워져도
기다림은
내 생활의 전부가 된다

이렇게 살다 보면
세월은
옥빛처럼 맑은 구슬들이 될까
상아처럼 아픈 사리들이 될까.

제3부

검은 모래찜

낡은 부츠

1

담 모퉁이 아래
털 달린 부츠 한 짝
우두커니 서서
바쁘게 걸어가는 사람들을 보고 있다

어젯밤 내린 비에
흙 묻은 구두코
조금은 깨끗이 씻었는가

언젠가
반갑게 찾아올 것 같은
주인을 기다리고 있다

2

슬프다
이제 아무짝에도 쓸모없어
버려진 줄 모르고
며칠째
그 자리를 지키고 있는

바보 같은
누군가의 자화상.

옥바라지

삼십 대 초에 이혼을 하고
어린아이 때 헤어졌던 애들을 위해
선물을 한 아름 안고 가려고 해요
제 가슴의 빈 뜨락을 보셔요
오늘 밤에도 물빛 머금은 별들이 반짝이고 있어요

보시어요
애들을 찾아 나서지 못하는 길을 서성이면
풀섶 이슬이 제 발목을 적셔 와요
저 달은 님이 보낸 종인가요
파란 달빛이 제 시린 발을 부드럽게 닦아 주어요
당신의 그윽한 사랑으로 어루만져 주어요

애들을 향한 내 사랑
내일이면 서리가 될지도 몰라요
아니어요, 아니어요
오늘도 저는 애들을 위해 따뜻한 마음

뜨개질하다가 나왔어요
저 새벽별이 알아요
내 마음 비춰 주는 저 하현달이 알아요

애들은 모르지만
제 가슴속에 오랫동안 갇혀 있는
아, 애들은 죄수이어요
몸 하나 가누지 못하고 자지러지는 죄수이어요.

산속을 거닐며

내 나이 스물여덟 살 적
철없는 남편 대학원에 보내고
네 살짜리 큰딸 손잡고
한 살짜리 둘째 딸 등에 업고
사는 게 막막해서
집 앞 나지막한 산속을 헤맸다

내 눈물 떨어진 자리에 진달래꽃이 피듯
자꾸 타들어 가는 가슴
검은 기미로 피어올라도 몸은 가벼웠다

다시는 못 살 것 같은 세월
일곱 번 이사하며
자식 모두 짝을 지어 떠나보낸 뒤
상처 입은 짐승 동굴 속에 웅크리듯
적막뿐인 집 속에 십 년을 가두었다

이제 내 나이 쉰둘
아기도 업지 않고
잡아끄는 손도 없이 산에 오르는데
왜 이리 어깨는 무겁고 허리는 아픈가
다 주어 빈 껍질만으로 오르는데
왜 이리 다리는 휘청거리고
땀은 전신을 적시는가

아, 이 가슴 터지도록
꺽, 꺽 소리 내어 울어 보면
서글픈 생각 씻기려나
무거운 몸 가벼워지려나.

건지산 제비꽃

나는
건지산* 무덤가에 핀 제비꽃입니다

손가락만 한 키
실처럼 가는 몸
손톱만 한 보랏빛 얼굴
눈여겨보아야 보이는 작은 풀꽃입니다

어젯밤 태풍 올가는
휘몰아치는 무서운 바람을
줄기차게 쏟아지는 비를
몰고 왔습니다

건지산 속
몇십 년 된 아카시아 나무들이
뿌리를 땅 위로 드러낸 채 넘어졌습니다
몇백 년 된 소나무들도
허리가 부러지거나 팔뚝이 잘렸습니다

나는 무서웠습니다
얼굴을 두 손으로 감싸고
꺾이지도 뽑히지도 않게 지켜 달라며
밤새워 울었습니다

그런데 아침에 일어나 보니
언제 그랬냐는 듯이
찬란한 빛을 하늘 가득 비추며
새날은 밝았습니다
이제 눈부신 햇살의 부드러운 손길은
제 몸 가득 맺힌 물방울들을
털어 주겠지요
씻어 가 주겠지요

가냘픈 영혼을 사랑하사
나의 작은 보랏빛 기도를

늘 들어주시는 님이여.

* 건지산: 전주시 덕진구에 있는 산

흐림에서 맑음으로, 맑음에서 흐림으로

우리 함께 해인사에 도착할 무렵
비가 보슬보슬 내린다
아름드리 울창한 벚나무와 소나무가 어우러진 길
까만 버찌를 사뿐히 밟으며 가는데
거미줄에 맺힌 영롱한 구슬들 반짝인다

한 우산 속
내 오른쪽 어깨는 비에 젖고
네 왼쪽 어깨는 비에 젖고

비 내리는 숲속
나무의 발치에 돋아난 이끼같이
살아온 생은 어둡고 습한 시간이었지만

네 목소리와 어조에 끌려
네 오른쪽 어깨가 비에 젖지 않는 동안
내 왼쪽 어깨도 비에 젖지 않고

보이지 않는 별빛을 따라가다가
어머니가 부르는 소리에 놀라
나는 잠시 감았던 눈을 뜬다

빗물이 흐르고 있는
젖은 어깨
젖은 옷
젖은 신
재채기가 나온다

나는 울지 않으려는데 하늘이 운다
나무들도 후두둑 후두둑 눈물을 흘린다.

첫사랑 증후군

나는 울었다
참아도 참아도
자꾸 눈물이 나서
이틀을 꼬박 울었다

먹을 수가 없었다
먹으려 해도
자꾸 토할 것 같아
닷새를 굶었다
아니,
말라 터지는 입술에
타들어 가는 갈증에
차가운 물만 들이켰다

허리가 아팠다
움직이고 싶지 않아
일어나고 싶지 않아
누워만 있었다

입원을 했다
그가 다녀간 일주일 뒤
서른 해 넘도록

잠재해 있던 첫사랑의 바이러스가
일제히 창궐한 탓이다
그는 그대로
나는 나대로
따로 고독한 현실이
심장을 갉아먹어서

나는 아프다
나는 아프다.

인생은

인생은

교과서대로 되는 것이 아니어서

고운 생각도 소용없어라

가슴이 아무리 서늘해도 소용없어라

그대 웃는 해맑은 얼굴 배경에

빨간 장미꽃 봉오리가 향기 풍기면 뭐 하나

안개꽃 뽀얗게 어려 아슴프레하면 뭐 하나

이제 남는 것은 슬픔을 찢으며

눈물짓는 물음표뿐

가까스로 입술을 깨물며 손수건으로

눈물 닦는 마침표뿐

이제 모두 다 소용없어라

심장이 두근두근

징검다리 밟던 기쁨은 사랑이었는데

추억은 싸늘히 식어 가고

그대 앞에서 눈이 부시던 황홀도

이제 하염없는 눈물로 흘러내리고

덧없어라

그대 멀어져 가는 뒷모습

말없음표처럼 점점이 멀어져 가고

함박눈은 내려서 세월을 지우는구나

밤새도록 내려서 사연을 지우는구나.

소낙비 사랑 1

당신이 떠나지 않는 한
당신을 보내지 않고
당신이 오지 않는 한
당신을 부르지 않고

아픔이 넘쳐 눈물이 흐르고
외로움이 넘쳐 절망에 휩싸여도
지친 당신이 찾아오면
언제나 따뜻하게 감싸 주고
편안히 쉬어 갈 수 있는
작은 공간이 되고 싶습니다

법적인 서약이나
사랑의 결실인 자식이 없어
당신이 떠날 때면
투정 한번 못 하고 붙잡을 힘도 없습니다

언젠가는 떠나갈 당신
미리 보내는 연습이라 생각하며
정작 떠나려 할 때
말없이 보내 주자 다짐을 합니다

뜨겁게 사랑했던 마음
차겁게 잊어버리지도
깨끗이 씻어 내리지도 않겠습니다

뜨거운 눈물
목구멍으로 삼키며
두고두고 그리워하지도
두고두고 기다리지도 않겠습니다.

소낙비 사랑 2

당신과 함께 있을 때
항상
행복했습니다

당신의 손안에 있는 리모컨처럼
당신에게 길들여진 로봇처럼
당신을 기다리고
당신을 위해 그 무엇이라도 되고 싶은 간절함이
용서받을 수 없는 죄인 줄 알면서도
날마다 그리움을 키웠습니다

나를 잊고 싶고
내가 아니고 싶어 술을 마시고
마시면 마실수록
취하면 취할수록
당신은 나를 후벼 파고드는 고름입니다

당신을 생각하고
당신과 같이한 시간은
순간처럼 짧고
꿈처럼 달콤하고 황홀했습니다

언제나
당신은 당신의 자리에서
나는 내 자리에서
더 깊어진 부위는 수술을 기다리며
두려워 떨고 있습니다.

감기

아무리 물을 마셔도
타들어 가는 입술 적실 수 없다
소리 내어 이름 부르고 싶어도
목젖이 부어올라 입 속에서만 맴돈다

숨이 넘어갈 듯 기침은
가슴을 후벼 내고
보고 싶은 마음은 약탕기처럼 끓으며
밤새도록 나를 앓게 한다.

독감

코 속은 꽉 막혀 답답한데 콧물은 어디서 나오는지 계속 흐른다.
숨을 쉴 수 없어 침을 삼키려 해도 목에 무엇이 걸린 듯 아프고, 숨
죽여 있으려면 또 목젖은 간질간질한다. 기침을 시원하게, 가슴에
맺힌 것 다 토해 내고 싶은데 머리가 쩡쩡 울려서 힘들다. 참다 참다
견딜 수 없어 아픈 머리를 두 손으로 쥐어 잡고 엎드려 힘들게 기침
을 해도 답답한 속은 뚫리지 않고 쓰라린 목 줄기 타고 올라온 노란
가래만 입 안 가득 남는다.
"다 참을 수 있어. 그런데 이 머리 아픈 것, 정말 견딜 수 없네."
머리를 씻으면 이 아픔도 가시려나 하는 마음에 뜨거운 물에 머리를
감는다. 물기를 닦으며 깨달았다. 온몸은 더 한기를 느끼고
재채기가 연달아 나오고, 머리는 더 지끈거리다 못해 터질 것 같고,
전신을 누르는 이 혹독한 무거움.
이 지독한 독감. 언제부터 자리 잡았는지.
너를 떠나보낸 뒤 그리움이라는 종균이 쑤셔 대는 통증이었을까.
지금도 너를 지우려 하면 그럴수록 더 지독히 달라붙어 나를 꼼짝
못 하게 한다. 그러니까 내버려 둬야겠지.
저 스스로 지쳐 죽을 때까지.

무기수(無期囚)

방문을 닫고
창문을 닫고
커튼을 내렸는데도
방 안이 춥다

전등을 끄고
침대에 누워 눈을 감는다
머리끝까지 이불을 덮어도
어느 틈새로 또 들어오는지
이혼하고 어린 자식들을
애들 아빠에게 두고 온 날부터
내 가슴에 불어오는 시리도록 아픈 칼바람이여

어쩌자고
너희는 이 밤도 날 찾아와
보고 싶다고 하는지
어쩌자고
나는 너희를 떨쳐 내지 못하고
밤마다 몰래 만나고 있는지

은밀한 내 가슴속
남몰래 갇혀 있는

너희는 무기수

손 한번 잡아 보지 못하고
이름 한번 소리 내어 불러 보지 못하고
남의 사람이 되어

평생 그리워하는
나도 무기수.

모노 환자

친구 이삿짐 옮기다
허리를 다쳐 신경외과에
한 달째 입원했다

내가 입원했다고 해서
달라진 것은
아무것도 없다
나를 나만큼 아파하는 사람이 없다

해는 뜨고
달은 지고
사람들은 여전히
자기 생활에 충실하고 있으니

아무도 모른다
내가 외로워한다는 것을
내가 그리워한다는 것을
내가 기다리고 있다는 것을

그들은 3인칭
내게 아무 의미가 아니듯
나도 그들에게 3인칭

아무 의미가 아니다

태어날 때
살 때
죽을 때
언제나 혼자였듯
지금도.

검은 모래찜

절친한 친구 내외 따라간다
죽림 온천으로 모래찜 하러

친구 남편이
김 나는 검은 모래를 삽으로 퍼 올려
몸에다 살짝 내려놓는다
관절마다 혈관마다
위에서 누르는 모래의 압력
아래에서 올라오는 뜨거운 열기
나는 노곤해져 스르르 눈을 감는다

죽으면 얼굴도 덮을 텐데
얼마나 답답할까
작은 산처럼 흙을 쌓아 놓을 텐데
얼마나 무거울까
낮이고 밤이고 또 혼자일 텐데
얼마나 무서울까
나는 묻어 줄 사람 없으니
하나뿐인 딸 귀찮게 하지 말고
차라리 화장해서 강에다 뿌리라 할까

더운 열기에
끈끈한 생각이 흘러내리는데
쉴 새 없이 뛰는 박동이 문득
왜 그러냐고
아직은 심장 튼튼하다고
나더러 살아 있음을 실감하라고

새로운 자신의 발견에 흥분을 느끼는데
몸도 가벼워진다
눈을 뜨고 옆을 보니
샤워하고 또 하자며 친구가 웃는다.

헝겊 해바라기 꽃

향기가 없어요,
물기도 없어요
그래도 꽃이고 싶어요

시들지 않고
버려지지 않는
그런 사랑 받고 싶은 몸짓이어요

살아 있는 것들과
전혀 어울리지 못하는 육신
어떻게 해도 받아 주지 않는 마음
삐쭉하게 키만 올려 보아도
목이 빠져라 발돋움해 보아도
점점 더 멀리 사라지는 해

무거운 커튼이 드리운 방
한쪽 구석 화병 속에 갇혀
아무도 모르게
그리움 키우다
외로움 삭이다

말라 가는 여자.

날아간 동백화분

베란다 밖 화분에서
동백나무 가지, 내 팔처럼 자라더니
동백나무 잎, 내 손톱만큼 올라오더니
동백나무 망울, 내 눈동자처럼 반짝이더니
동백나무 꽃, 내 빨간 입술처럼 활짝 웃더니

강풍과 소나기가 있던 날
검은 고양이 앙칼진 소리
나는 밤새 두통에 시달렸고
어디론가 끌려가고 있었다

아침에 일어나 창밖을 보니
동백나무 화분이 온데간데없다
15층 베란다에서도 탐스럽게 피었던
화분 속의 동백이
강풍에 폐가의 문짝처럼 날아간 걸까

15층 아래로 날아가
땅바닥에 산산이 깨어진 동백화분

언제일까 미래의 나를 보는 것 같아
선뜻 찾으러 가는 게 두렵다

밖은 여전히 폭풍우가 휘몰아치는데

나를 잃어버린 그림자만
방구석에 말라붙어 있다.

상봉

친구들과 맥줏집에 있는데
핸드폰이 울렸다

"여보세요?" 술 취한 그 한마디에
잊은 줄 알았던 그 목소리에
경악이 용수철처럼 나를 튀어 일어나게 했다
숨이 멎을 것 같아 내 탄성 터졌다

여중시절에도
여고시절에도
단정한 교복으로 가슴을 여미며
좋아한단 말 한마디 못 하고
7년을 맴돌다
헤어진 사람

강산이 세 번 변하고
여러 번 이사를 다닌 지금도
내 집 거실엔
그가 그려 준 그림들이 벽을 장식하고 있는데
그가 녹음해 준 테이프는
늘어져 헐떡이며 돌아가고 있는데

다미타 조의 애절한 노래
If you go away가
순수한 수채화 같은 추억들을 들추는지
그의 얼굴에 눈물이 흘러내린다

그러나 이제는
다른 가정을 가진 두 사람
밤하늘에서 반짝이는 별처럼
서로는 아무 말도 할 수가 없다.

대문 1

어둑어둑 추운 날
바람 속을 걸어서 왔다

헐떡이는 숨소리 가다듬고
손거울 꺼내
옷매무새, 머리모양도 다시 매만지고
용기 내어 대문을 두드린다

떨림은 가슴을 곤두박질하는데
찬바람은 몸속으로 파고들어 추운데
얼어 버린 손은 대문을 붙잡고 흔드는데
대답이 없다
문틈 사이로 안을 기웃거려도
기린처럼 목을 빼 봐도
돌담은
내 키보다 높다

지는 해는
서산을 슬프게 물들이듯
아직도 잊지 못하는
에미의 사랑이 아무리 애틋한들
애기 때 헤어져 40년이 지나도록

한 번도 만난 적이 없어
상처로 깊어진 애들의 마음만 하랴
굳게 닫혀진 대문처럼
열어 주지 않는다

순간
전화벨이 울린다

성인이 되어 제 짝들과 함께 행복할 텐데
이제 와 어쩌자는 것이냐며
쓰디쓴 한숨이 눈을 뜨게 한다.

베트남 풍경

베트남에 다녀온
태훈이한테서 소포가 왔다

겉봉을 뜯으니
베트남 농부들이 논에 모를 심는 그림
장애인들이 수를 놓은 선물이다
인생의 기쁨을 폭파당한 사람들이
한 올 한 올 수놓아 평화를 만들다니!

액자에 넣어
거실 가장 좋은 벽면에 걸으니
나를 자문하는 거울이 된다

저 농부들은 논에 모를 심는데
지금껏 나는 무엇을 심었는가
무엇을 거둘 수 있겠는가
진정한 장애는 마음에 있지 않은가
슬픔이나 고통이 끝이 없다면
기쁨이나 감사함도 끝이 없지 않은가

풍경화는 말이 없는데
내 혼잣말은 전쟁처럼 치열하다
내 심장 속 미망인
내 인생을 구원하려고.

미망인 1

지아비 간 후
데려다주지 않는다
일 년이 넘도록 아무도
데려다주지 않는다

'우황청심환' 두 알 먹고
산소에 간다
수지침 꽂고
산소에 간다
목 줄기 타는 소주 마시고
산소에 간다

간다
지아비가 있는 둥근 흙집에
과부가 아닌
지어미가 되어.

미망인 2

당신을 만나
흘린 눈물이 1억 원은 될 거라고
친구는 말하네요

보잘것없는 나를 평강 공주라며
듬직한 자기를 바보 온달이라며
모든 걸
다 희생했던 당신을 모르고

날이 가면 갈수록
새록새록 더 그리워지고
해가 가면 갈수록
새록새록 더 사무치는
지독한 사랑을 모르고

당신을 저세상으로 보낸 지 15년
아직도 당신 사랑만 까먹고 사는
울보 공주인 줄도 모르고

앞으로 2억 원어치 더 울어도
당신에게 받은 사랑
다 갚을 수 없다는 것도 모르고

그리움 밖이 두려워 눈 가리고
귀 막고 사는 것도 모르고

당신을 만나
흘린 눈물이 1억 원은 될 거라고
친구는 말하네요.

상록 해수욕장 2004년 7월 30일

모래사장을 형형색색으로 가득 메웠던
인파들도 없고
어둠과 파도만이 밀려오는 바다 위로
둥그런 보름달이 떠올랐다

백사장 위쪽 소나무 숲
텐트 주위에 있던 사람들
바다에 비친 달을 보며 탄성을 질렀다

하늘과 바다는 죽은 듯 어두운색으로 고요한데
달빛이 비치는 곳은
무도회가 열린 듯 은빛 멸치 떼들이
아름다운 선율에 따라 일제히 춤을 추고 있었다

너와 나
달콤한 말 한마디 없어도
긴 백사장을 손잡고 걷지 않아도
너의 손에 이끌려
눈부시도록 하얀 드레스를 입고
우리도 멋진 왈츠를 추고 있는 듯
나의 가슴은 밀물처럼
잔잔한 사랑으로 젖어 가고 있었다

달빛이 아름다운 조명으로 밤을 밝히듯

너는 텐트 밖에서 나를 지키고

파도는 은은한 자장가를 불러 줘도

온 밤을 뒤척였던 건

은빛 바다에 마음을 빼앗겨서였을까

너에게 내 마음을 들킬 것 같은 불안에서였을까

몸은 집으로 돌아왔는데

마음은 무엇에 빼앗겼는지

오늘도 그곳에서 헤어나질 못하고 있다.

제4부

사기등잔

유년시절

매번 오늘 밤에는
집에서 주무시려나 하는 설레임으로
어머니는 갖은 반찬에 술안주까지 정성스레 차려
다소곳이 밥상 앞에 앉으셨다

미안하신 듯
다정하게 말씀도 많으시고
늦게 물리시는 밥상이 고맙기만 하신 듯
어머니 밥상을 들고 부엌으로 나가시면
아버지는 언제나 그러시듯
곱게 다려 놓으신 양복을 입으신다

우리는 말똥거리는 눈으로
"아버지, 오늘 하루만 안 가면 안 돼요?"
간절하게 말하고 싶지만
우리도 어머니처럼 말을 못 했다

어머니는 여느 때처럼 곱게 씻고 들어와
통금 사이렌이 울려도
전깃불이 나가도
촛불을 켜 놓고 아무 말 없이 뜨개질만 하셨다

혹시 순경들을 피해 골목골목으로 오실까 기다리시는 듯
불빛이 새어 나오는 어머니 방문을 열며
"엄니, 또 무서운 꿈 꿨어요." 하면
"오줌 싸고 가서 자거라." 하시던
어머니의 푹 꺼진 눈이
내 잠을 더 도망가게 했었다.

빨간 토마토

아버지를 여의고 삼 남매 뒷바라지하다
육순 갓 넘긴 어머니
요즘 거울을 자주 보신단다

머리카락은 몇 가닥 은발로 날리고
처진 눈꺼풀 아래 그늘이 짙은데
이마와 목에 깊숙이 패인 주름살
푸석푸석한 피부는 어떤 화장으로 감출 수 있을까

오늘도 어머니
민들레 아파트에 산다는 아저씨를 기다리는 눈치시란다
무거운 몸
뒤뚱거리는 다리로 서로의 지팡이가 되어
나지막한 산을 동행하신단다

여자가 될 수 없는 나이에도
여자가 되고 싶어 하는 마음은
하늘에서 내린
빨간 토마토일까

거울 앞에서 서성이는
전화 앞에서 서성이는
어머니를 훔쳐본다는 친구의 말에
과일도 아니면서
과일인 척
식탁 위 바구니의 토마토 때문에
목이 메인다.

사기등잔

진안군 부귀면으로 자원봉사를 갔다
대나무 숲을 뒤로하고
마당 가득 풀이 무성한 낡은 폐가
먼지뿐인 마루에 앉아 잠시 땀을 닦는다
토방 밑 거미줄 사이
누렇게 바랜 사기등잔이 나뒹그러져 있다

지금은 비록 볼품없지만
그래도 한때 어둠을 밝히던 꿈이여
애간장 태우던 심지는 안녕한가
그치지 않고 들락거리던 바람에
검은 그을음을 올려 보냈었지
조심스런 뚜껑을 소리 나지 않게 열어
수없이 많은 절망의 줄 잘라 내고 또 잘라 내며
새롭게 다시 태워도
평안할 줄 모르던 좁은 공간

작아도 없으면
온통 어둠뿐이었다

바람처럼 들락거려 속 썩이던 남편과
심지처럼 늘 애태우던 자식들

이제 모두 떠나보내고
빈집을 지키고 계시는
팔순이 되신 어머니
바로 저 사기등잔이었구나.

춘포 간이역에서

전주와 익산 사이
춘포 간이역에 왔다

일제강점기 때는
풍성한 호남평야 농작물 수탈해
일본으로 반출하느라 시끄러웠는데
지금은
향나무만 졸고 있구나

허리 뒤틀어진 향나무를
살며시 끌어안고
눈물겨운 하늘
남모르게 우러른다

잘 버티고 견디어 내면
값진 문화재가 되듯
불행이 꼭 나쁜 것만은 아니더라
살다 보니 살아지더라 하시던
요양병원에 계신
초라한 97세 우리 어머니

죽을 줄 알면서도

죽지 않을 사람처럼 살아가는
변할 줄 알면서도
변하지 않을 사랑처럼 사랑하는

자주 오지 않는 자식
매일 기다리고
다시 오지 않는 젊음
매일 그리워하며

오랜 시간
두려움에 부대껴도
올곧게
한세상 지킨 간이역에서.

기린봉에 달 뜨면 1

보시어요
어스름 초저녁 기린봉 하늘로
당신은 달 되어 떠오르네요
어머니

당신은
가르마 곱게 동백기름 바르시고
늦도록 툇마루에 앉아
한복 다듬이질을 하셨지요
징용 가신 아버지를 기다리시던 그리움은
세월이 흐르면서
머리에 서리서리 서리로 앉았지요

광복은 현해탄 건너 만나는 기쁨을 가져왔지만
그것도 잠시
아버지는 배다른 동생을 데려왔지요
어머니 가슴에 못 박은 아버지의 귀국은
한 속에서 오래오래 나이를 먹어 갔지만
우리 가족은 건강했지요, 어머니의 희생 속에서.

기린봉에 달 뜨면 2

보시어요
저 달이 당신의 눈에는
딸의 얼굴로 보이겠지요
하늘 가득 보름달로 웃는
저의 얼굴이
어머니의 삶을 위로하겠지요

이 밤 천지엔
그리움이 사무쳐요
귀뚜라미들의 소리도 사무쳐요
풀잎에 이슬이 맺히면
사랑한다는 말
눈물이 되어 나와요, 어머니

저는 알아요
산다는 것은
속으로 사위어 가는 달빛이란 것을
저는 알아요
어머니처럼 남다른 사랑을
속으로 집 짓는 거라는 것을
저는 알아요

아, 당신은 은은한 빛으로
기린봉을 푸르게 푸르게 감싸시네요
어머니.

화가 박남재

하얀 수염이 얼굴 반을 받쳐 주고 있다
깔끔한 머리는 베레모가 감싸고 있다
구부정한 어깨는
젊은 날 날렵하게 농구공을 다뤘던 실력을
말하지 않는다

하지만 아직도
청재킷과 청바지가 어울린다
건강한 피부에 티 없이 밝은 미소
그는 80대지만 환한 소년이다

캔버스 앞에 서면
날카롭고 섬세한 눈으로
자연 그 너머를 본다
보이는 것 그 너머를 본다
붓 터치 과감하게
따뜻한 마음과 심오한 생각들 어우러진
원색으로 섞어서
과거와 현재와 미래를 그린다

평생 그림 그리는 것밖에
아무것도 할 줄 모르는
당신은 위대한 화가
아무나 흉내 낼 수 없는 세상 밖 경지.

내 친구 영희는

천연두로 얼굴 가득 열꽃이 솟고
소아마비는 오른쪽 다리를 가늘게 했다
죽을 고비를 두 번이나 넘기고도
후유증은 얼마나 더 길어야 치유될 것인가
어린 시절에는 동네 아이들의 놀림이 되었고
어른이 되어서도 모든 시선의 대상이 되어
등에서 흐르는 땀은 얼마나 많은 속옷을 적셨을까

가장 강한 불에서 연단된 보석이
아름다운 빛을 발하듯
그 무서운 열병들이 모든 불순물들을 다 걷어 내
살아 움직이는 진짜 보석이 되었을까
많은 생각이 깊이와 넓이를 갖춰
지혜와 덕으로 건강하게 했고
번뜩이는 재치와 유머감각이
곁에 있는 사람들을 사로잡는다

자기의 상처를 스스로 감싸
아름답고 영롱한 진주가 되듯
눈에 보이는 장애가
눈에 보이지 않는 수많은 장애들을 치료해 주는
영희는
오늘도 이 세상에서
가장 아름다운 보석으로 빛나고 있다.

봄꿈

햇살이 눈부신 봄날 아침

구례 산수유 마을로

온통 노란 산동 계곡

친구와 나란히 기대앉아 있는 것은
봄날의 어지러움 때문

산수유 나뭇가지에
새들이 지저귀는 것도
봄꿈의 눈부심 때문.

유전

하나밖에 없는 딸이
열흘째
전화도 없다

궁금함 여러 갈래로 걱정이 커 가는데도
선뜻 전화를 할 수가 없다
내 우울증 딸에게 들킬까 봐 참는다

망설이던 중
사위가 석류를 가지고 왔다
딸이 며칠째
침대에 누워만 있다고 한다

정말 그것만은 닮지 않기를 바랬는데
정말 소중하고 사랑스런 내 딸에게
좋은 것만 주고 싶었는데
좋은 것만
좋은 것만을.

즐거운 성묘

여보, 즐거운 추석이에요

우리의 믿음직한 아들 진석이가 왔어요
졸지에 가장이 되었지만
나이답지 않게 의젓해요
할머니도 잘 모시고 누나 걱정도 해 주면서
동생도 잘 챙기고 있어요
그리고 무엇보다도
당신이 하던 일 그대로 이어받아
열심히 잘하고 있어요

아빠가 보고 싶다며 곧잘 울먹이던
큰딸 경희도 왔어요
단풍이 아름답던 날
하느님께 헌신하고 침례도 받았어요
아빠를 만날 수 있다는 기쁨을 갖게 됐어요
아빠만 따랐던 세상에서 제일 이쁜 딸
좋은 사람 함께 오라고 하셔요

성큼 처녀가 다 된 막내딸 리원이도 왔어요
날마다 직장에 충실한 게 기특해요
말 못하는 사람들을 위해

수화(手話)로 성서 말씀을 알려 주는 것도 기특해요
아빠를 잃어 지쳐 있을 때
진정으로 사랑해 줄 친구를 만났어요
많이 슬퍼하지 않고
많이 외로워하지 않아 안심이에요

당신이 계실 때처럼
똑같은 집에서
똑같은 일을 하며
똑같은 마음으로
우리 모두 열심히 살고 있어요

여보, 오늘은 즐거운 추석이에요.

늦된 누나 어른스런 동생

54살이 되도록
여러 번 바다에 와 본 적이 있었다
긴 백사장을 걷거나
부서지는 파도와
지는 석양의 아름다움을 멀리서 바라보거나
비릿한 바다 냄새에 젖어 보았을 뿐
겁이 많아 튜브를 타 본 적도
물속에 몸을 적신 적은 한 번도 없었다

네가 노 젓는 고무보트를 타고
바다 가운데로 나갈 수 있었던 건 놀라움이었다
조심스레 노 저어 물가만 돌다가
친구가 물안경을 잃어버려 찾아 달라는 말에
너는 단숨에 바닷속으로 뛰어들었고
보트가 물살에 떠내려가는 줄도 모르고
나는 물속에 들어간 너만을 찾았다
네가 물안경을 높이 올리며 물 위에 보일 때
우리는 너무 멀리 떨어져
너는 큰 소리로
괜찮아 그대로 가만히 있으라며
얼굴이 하얗게 지치도록 헤엄쳐 와
내가 놀랐을까 봐 걱정하는 너의 모습을 보며

정작 놀란 것은 내가 아니라 너란 걸 알았다

한번 누나는 영원한 누나이고
언제까지나 누나를 지켜 주겠다는 너의 말을 믿었기에
나는 아무것도 두렵지 않았다

너는 거짓말을 하지 않으니까
너는 나를 어른으로 만들었으니까.

하염없이 1

폭풍이 몰아치는 저녁
문을 닫고 창 너머
세차게 비 맞고 있는 목련나무를 바라보고 있다

술 취한 남편의 폭행에
맨발로 쫓겨나 남의 집 담장 뒤에 숨어 벌벌 떨던
그날의 나를
밤새도록 조용히 지켜보고 있던 하얀 목련꽃들
유난히 차가워 보였던 달빛

"언니야!
우리는 아빠로부터 엄마를 지키는 군인이 되자"라고 다짐하던
다섯 살짜리 둘째 딸의 말에
"너희를 지키는 군인은 엄마란다"라고 안심시키던
엄마의 말을 철석같이 믿었을 텐데
엄마는 너희 곁을 떠나 친정살이를 하고 있다

목련꽃 얇은 잎들 파르르 떨면서
빗물을 털어 내는 몸짓을 반복하고 있다
두고 온 자식들 빗물에 젖어 있는 모습
아른거린다

어쩔 수 없어
못 만나는 것이 어디 우리뿐이랴만
방에 들어와 커튼을 내려도 보인다
비바람에 시달리는 목련나무
창백한 꽃잎들이 빗방울에 흔들리는 것이.

하염없이 2

이슬비 내리는 아침
창을 열고
턱을 괴고
목련꽃들 비 맞는 거
하염없이
바라보았다

목련꽃들하고 주고받은 이야기
오 분쯤 지나고
보슬보슬 이슬비하고 주고받은 이야기
십 분쯤 지나고

내 가슴속에
또 다른 목련나무가 생겼다
내 가슴속에
또 다른 이슬비가 내렸다

저 정원 마당엔 눈에 보이는
목련나무 흰 꽃들이
빗방울에 톡 톡 톡
내 가슴 마당엔 눈에 안 보이는
목련나무 흰 꽃들이
빗방울에 촉 촉 촉.

지리산 옹달샘

나물 캐러 지리산 속을 오르내리다가
맑은 물이 고인
작은 샘 하나 찾았다

지친 내 모습이 샘 속에 빠져 있다
땀에 얼룩진 몸
벌컥벌컥 물을 마시고
얼굴을 씻고 나니
천천히 다시 고이는 맑은 물

하염없이 바라보니
이혼하고 두고 온 자식들의 얼굴이 겹치며
우물 가득 아른거린다

퍼내도 퍼내도
금세 가득해지는 샘물

구름이 지나가고 천둥 번개가 지나가도
수십 년이 더 지난 일인데도
지워도 지워도
더 투명하게 고이는 얼굴들

아무도 모르게
혼자 간직한 미안한 에미의 마음이
평생 죄인 되어 남몰래 흘린 눈물이
고이는 것일까.

허수아비

참새 떼의 짹짹거리는 조롱을
온몸으로 받아들여도
품이 너른 김제평야는
안으로 수확물이 수북이 쌓이는 풍년이다

입성이 너덜너덜 해어져
남새스럽고 부끄러워도
내 눈은 언제나 먼 지평선을 보고 있다
어쩌면 서로의 진실을 모르는 우리는
외로움 끝에서 저녁노을을 바라보는 허수아비

고상한 생각으로 말하고
순결한 마음으로 사랑하려 해도
자기 향유에 빠진 세태 앞에서
쉽게 어울리지 못하고

고독하게 한자리를 지키며
참새 떼 같은 잡념을 쫓고 있는 나는

더 이상 허수아비는 아니다.

산동면의 봄

섬진강이 지리산을 못 잊어
모래톱 적시며 흐르듯

나도 누군가 그리워서
봄이면 산동 마을에 오는 걸까

봄 저녁 징검돌에 앉아
내 산수유꽃을 띄워 본다

사랑도 저렇게 흘러가는 것인가
황혼 빛 신열에 산동면이 더 노랗다.

백일홍 나무

건지산에 오르내리며
물이 오르는
백일홍 나무를 눈여겨보기 시작했다

곱고 매끈한 줄기에
윤기 나는 잎새들을 가득 채우더니
줄기 끝에 작은 망울들이 다닥다닥 맺혔다
어느 날부터인가
너는 줄기 끝마다 맺힌 망울
하나하나 터뜨리어
진분홍 꽃들을 휘어지도록 피웠다

한여름 무더위에도
긴 장마에도
생기를 잃지 않고 원기 왕성한 모습으로
바람 따라 일제히 춤을 출 때면
모두 압도당해 산도 흔들리는 듯하다

화무십일홍이라는데
너는 백 일 동안
그 아름다움을 지킬 수 있다는 보장이 있구나
아, 나는 건강한 몸으로 몇 날을 산다는 보장이 있는가

너는 뿌리와 잎이 약재로도 쓰인다는데
나는 무엇을 남길 수 있는가
무엇으로 쓰일 수 있는가

지나가 버린 모든 것을 그리워하는 바보가
떠나간 벗이 그리워 꽃을 피운다는 너를 보러
오늘도 또 산에 오른다.

동편제

숙연해지는 가을
여행을 떠나면
차창 밖 세월은 무심한 것인가
섬진강 밝은 물이 지리산을 끼고 흐르는
구례에서 하동까지
플라타너스들만 갈색 바람을 쓸고 있다

억새풀들 하염없이 흔들리고
왜가리들 이리저리 서성이고
강물은 울면서 흐르는데
여기 판소리의 땅에서
누가 웅건(雄健)한 노래를 부를 것인가

가인(歌人)을 기대하는 자세는
풍물 따라 흐르다가
민중의 생활상을 보게 되는가
노을 젖은 강둑에 멈추어 서서
간절한 염원으로
선이 굵고 꿋꿋한 선조들의 전통을
청담(淸淡)하고 호령조로 포옹하게 되는가

나는 저 백두대간의 연봉들을 우러르고 있나니
광대들이 지극했던 음악 사랑이여
마디마디 애끓어 무거운 발성으로
너는 한 많은 역사를 위하여
핏빛으로 쏟아지는 폭포가 되는가
그리하여 영원히
우리들의 귀에도
후손들의 귀에도
장대한 교훈이 되는가.

바이올렛 꽃

햇살이 비치는
거실 창가에
작은 화분들을 줄지어 놓았습니다

오늘 이른 새벽에 나와 보니
잠을 설친 바이올렛 행복한 몸짓으로
꽃망울을 터뜨렸습니다

몇 밤을 새우고
몇 달을 애태우며
몰래 감추었던 비밀을
끝내 드러내었습니다

때가 되면
이 마음 아실 이를 위해
달려오시리라는 떨림으로
가녀린 줄기 위
보라색 꿈을
하나하나 등으로 매달겠습니다.

비정상의 나날

내 사는 것
한두 줄의 교훈으로 되지 않는다
아마 그대도
하루하루 살아가는 것이
한두 마디의 말씀으로 되지 않으리라

고통이 많은 그대
나를 껴안고 어깨를 쓰다듬을 수 있다면
고통이 많은 나
그대를 껴안고 얼굴을 파묻을 수 있다면
서로 사랑하고
서로 의지하고
함께 눈물을 흘릴 수 있다면

서로서로 고달픈 영혼
서로서로 따뜻이 보아주는 눈을 줄 수 있다면
서로서로 고달픈 목숨
서로서로 다정히 속삭이는 말을 줄 수 있다면

그대와 나
함께 있어서
날마다 사는 것이 즐거울 수 있다면
한두 줄의 교훈
한두 마디의 말씀으로도
기쁘게 살아갈 수 있다면…….

13세부터의 구조대원

초등학교 5학년 사생대회 때 처음 봤다
잊혀지지 않는 첫인상으로
중학교 일학년 때 한 반이 된
우리는 친구가 되었다
고등학교 졸업할 때까지
등교, 하교 때도
교실에서도, 학교 밖에서도
언제나 같이 있었다
결혼을 하고, 이혼을 하고
재혼을 하고, 사별을 하며
내가 지쳐 쓰러져
친구의 뒤통수를 칠 때도
언제나 맨 먼저 달려와 곁에 있어 주었다
다른 사람들과 어울리지도,
말도 잘하지 않는 친구지만
우리는 언제나 할 말이 많았다
처음부터 혼자였고 지금까지 혼자인 너는
언제나 주는 데만 익숙했고
나는 습관처럼 받는 데만 익숙했다
오십 년 넘게 이렇게 지내다 보니
전화 속의 목소리만 들어도
표정만 봐도 다 알아

아파하고 염려해 준다
언제나 도와주기 위해 대기하고 있는
영원한 나의 구조대원 – 방영희.

평론
생의 질곡(桎梏)과 '낙원성'

정휘립(鄭輝立)[1]

> 글의 차례
> 1. 자아의 드러내기
> 2. '어머니'의 정한(情恨)에 관한 소곡(小曲)
> 3. 절절한 그리움의 바다
> 4. 낙원성의 경지를 향한 동심(童心)의 정조(情調)
> 5. 한풀이의 제의(祭儀)와 해조음(海潮音)의 낙원성

1. 자아의 드러내기

'보여 주기'의 숙명에서 온전히 자유로운 예술행위란 애초에 존재하지 않는다. 언어예술로서의 '시 쓰기' 역시 예외랄 수 없다. 발화(發話) 창출의 모든 표출 언어와 관련하여, 독일 학자 **하이데거**(Martin Heidegger, 1889~1976)의 말마따나 "말 속에서 펼쳐지는 것은 '보여 준다'는 의미로 인식된 '말해진 것'이다."[2] 이처럼 '말한다'의 행위는 '보여 준다'의 소행으로 귀결된다. 프랑스 시인 **엘뤼아르**(Paul Éluard,

---

[1] 1993~1994년 〈조선일보〉와 〈서울신문〉 등 신춘문예 시조부문 당선. 2002년 《시조시학》 문학평론 당선. 문학평론집 『시대의 회복 시대의 극복』(2020). 전북대학교 영문학 박사. 현 계간 《민족문예와사상》 주간.

[2] "Das Wesende der Sprache ist die Sage als die Ziege." Martin Heidegger, 후기 논문집 『언어에 이르는 노정(路程)』(독: Unterwegs Zur Sprache, 1950~1959). Ache minement la parole (French ed., Gallimard, 1976), 241쪽.

1895~1952)의 시집 『보여주어라』(Donner à voir, 1939)를 연상시키는 이러한 미학적 개념은 모든 시 작품들이 독자에게 그 무언가를 가리키고 보여 주는 장(場)으로서의 사명에 충실할 수밖에 없음을 시사한다.

전북 군산 출신인 **안경례**(安慶禮, 1951~)의 시편들은 독자가 묻기도 전에 '보여 주고자 하는 그 무언가'가 곧 자신의 삶 자체임을 솔직히 밝힌다. 즉, 그의 시편들이 지닌 두드러진 장점은 그러한 문학적 정직성에 있다. 시적 허용(詩的許容, poetic justice)의 변경 끝까지 방황하는 문예적 분식(粉飾)의 위장성(僞裝性)이 퍽이나 엷다는 면에서, 그의 허심탄회 내지 기탄없음은 독자를 때때로 당혹케 할지도 모른다. 그만큼 그는 제 삶의 구구한 사연을 건축물의 철근들처럼 노출시키면서까지 시적 형상화의 기제(機制)를 아슬아슬하게 다루는 리스크(위험성)도 감수한다. 이 땅의 시대적·사회적·종교적 보편성을 두루 훑어 내는 그의 생애는 일제강점기 때 한국 남성에게 시집을 오게 된 한 일본 여성의 얄궂은 생으로부터 시작한다. 그 여성이 안 시인의 모친이다. 그리고 파란만장한 삶의 애환, 종교적 신념, 결혼과 이혼, 사랑하는 자녀와의 격리, 사별 등등 민족사와 개인사를 통시적으로 잇는 그의 시편들은 전형적인 한국 여성의 일생을 담지한 채로, '말하기' 즉 '보여 주기' 하는 것이다.

다양한 예술행위들은 현실적 생의 길목마다 도사린 고충과 고뇌를 극복하고 마침내 탈속의 정상에 등정(登頂)하고자 하는 자기구원책의 지난한 몸부림일 수 있다. 그처럼 **안경례** 시인이 '보여 주기'의 기나긴 여정 끝에 당도하려는 행선지는, 하나의 꼭짓점 즉 모종의 이상세계(理想世界)라는 '낙원계(樂園界)'일 것이다.

1987년 군산예총 백일장 시부에서 장원을 하고, 2000년 《자유문학》 봄호에서 〈제35회 청소년시부 신인상〉을 받으며 문단에 나온 **안경례**의 시편을 줄곧 지탱하는 두 축은 1) '어머니'로 대표된 전형적인 한국 여성의 애환 어린 일생과 그로 인한 회한, 및 2) 연모를 내포한 가족적인 절절한 그리움이다. 전자는 수직적이고 후자는 수평적이다. 이 두 축은 상호결부성이 강한 나선형 세계를 구축한다. 그리고 그의 서정시는 한국 고유의 정한(情恨)을 결로 간직한다는 면에서 전통적이다.

'낙원지향성'이란 원초적인 삶의 터전으로 귀향하려는 인간 본연의 유전인자로서 조

물주가 시혜(施惠)한 본능이며 인류 공통의 원형심상이다. 그러한 심상의 현현(顯現)은 생의 질곡을 해소함으로써 나름의 내적인 희열과 심리적 충족감을 확보하려는 무의식적인 욕구의 발현이라 하겠다. 낙원지향은 진정 인간다운 삶을 복원하려는 참으로 소박하면서도 가련하고 절박한 갈망이다. 여기에는 질곡의 수난시대를 살아오면서 상실한 자아정체성을 사무치게 파고드는 탐구력이 함초롬히 담겨 있다. 즉 낙원성이란 상실한 원형심상을 향한 무의식적인 복원 욕구의 산물이다. 무의식도 의식의 일부라는 현대적 관점으로 보건대, 인간 본능은 상실감의 싱크 홀(sink hall)을 말끔히 메운 충일의 삶을 영위하려는 의식적인 노력으로 구현된다.

자아정체성이란 공시적으로 그리고 통시적으로 스스로가 동경하는 삶 자체와 자신을 동일시하는 경지에 이르려는 자아동일성에의 부단한 욕구이다. 혼란과 고통의 인생살이에서 평온과 평정을 얻고자 하는 인류 본연의 갈망이 예술행위로 표현될 때, 그것은 자기구원행위이며, 궁극적으로 예술가 자신과 그가 속한 [가족과 같은] 공동체의 평안이 확보된 교두보를 공고히 하려는 데 그 지향점이 있는 것이다.

2. '어머니'의 정한(情恨)에 관한 소곡(小曲)

안경례의 시편을 구축하는 중심축은 전형적인 한민족 어머니의 애환 어린 일생이다. 그 시편들의 행간에는 불우한 가족사의 비애가 가감 없이 스며 있다.

다음은 보편적인 우리네 가정 상황을 대표적으로 적시한 작품들 중 하나이다.

  아버지를 여의고 삼 남매 뒷바라지하다
  육순 갓 넘긴 어머니
  요즘 거울을 자주 보신다

머리카락은 몇 가닥 은발로 날리고
처진 눈꺼풀 아래 그늘이 짙은데
이마와 목에 깊숙이 패인 주름살
푸석푸석한 피부는 어떤 화장으로 감출 수 있을까

오늘도 어머니
민들레 아파트에 산다는 아저씨를 기다리는 눈치시란다
무거운 몸
뒤뚱거리는 다리로 서로의 지팡이가 되어
나지막한 산을 동행하신단다

여자가 될 수 없는 나이에도
여자가 되고 싶어 하는 마음은
하늘에서 내린
빨간 토마토일까

거울 앞에서 서성이는
전화 앞에서 서성이는
어머니를 훔쳐본다는 친구의 말에
과일도 아니면서
과일인 척
식탁 위 바구니의 토마토 때문에
목이 메인다.

—「빨간 토마토」(제4부) 전문.

 시인의 친구 이야기를 담았다는 이 작품에서, 홀몸으로 세 자녀를 잘 양육한 '어머니'는 요즈음 '민들레 아파트에 산다는 아저씨'와의 풋풋한 우정 또는 연정으로 여성다움을 회복하고 있다. 이 시는 '여자가 될 수 없는 나이에도/ 여자가 되고 싶어 하는 마음'의 어머니를 '과일도 아니면서/ 과일인 척'하는 토마토에 대입시켜 그를 향한 따뜻한 시선을 형상화시킨다. 그 빨간 색깔이 지닌 열렬한 가슴의 시각적 심상이 눈에 선하다. 그리하여 이 시의 '어머니'는 단지 일개인의 어머니를 넘어 우리 소시민 계층 모두의 어머니로 전형화된다.

이와 관련지어, 다음 시의 '어머니'가 겪은 여자의 일생도 거의 다를 바 없다.

> 바람처럼 들락거려 속 썩이던 남편과
> 심지처럼 늘 애태우던 자식들
> 이제 모두 떠나보내고
> 빈집을 지키고 계시는
> 팔순이 되신 어머니
>
> ―「사기등잔」(제4부) 4연에서.

한 시골마을로 자원봉사를 갔던 화자는 '대나무 숲을 뒤로하고/ 마당 가득 풀이 무성한 낡은 폐가'의 '먼지뿐인 마루에 앉아 잠시' 쉬는 사이에 '토방 밑 거미줄' 속에 나뒹그는 '누렇게 바랜 사기등잔'을 발견한다. 그 낡은 등잔에 '어머니'의 고단했던 생애와 현재의 모습을 중첩시키며 처량한 회억에 잠긴다.

어머니의 한 맺힌 삶에 대한 시인의 기억은 거의 동물적인 울부짖음으로 빚어 나기도 하며 신열을 앓는 증상으로 표출되기도 한다.

> 나는 울지 않으려는데 하늘이 운다
> 나무들도 후두둑 후두둑 눈물을 흘린다.
>
> ―「흐림에서 맑음으로, 맑음에서 흐림으로」(제3부) 7연.

> 아무리 물을 마셔도
> 타들어 가는 입술 적실 수 없다
> 소리 내어 이름 부르고 싶어도

목젖이 부어올라 입 속에서만 맴돈다

숨이 넘어갈 듯 기침은
가슴을 후벼 내고
보고 싶은 마음은 약탕기처럼 끓으며
밤새도록 나를 앓게 한다.

— 「감기」(제4부) 전문.

시인은 어머니의 일생에 대하여 피 끓는 기억으로 슬픔을 좀체 어거(馭車)하지 못하지만, 끝내 그 슬픔에 압도당하기보다는 고도의 시적 사고로 승화시키고자 하는데, 바로 여기서 시인의 극복 의지가 괄목할 만하다.

한 예로, '어스름 초저녁 기린봉 하늘로' 떠오르는 '달'에 대입된 '어머니'는 대표적인 우리네 어머니의 모습을 반영한다. '가르마 곱게 동백기름 바르시고/ 늦도록 툇마루에 앉아/ 한복 다듬이질'을 하던 어머니의 단아한 자세는 징용 간 남편을 기다리던 한의 결정체이다. 하지만, 애타게 기다리던 남편은 '배다른 동생'을 데리고 돌아오면서, 오히려 삶의 고충을 심화시키는 요인이 된다.

시는 사무치는 어머니의 정한에 대한 애상을 이렇게 승화시킨다.

저는 알아요
산다는 것은
속으로 사위어 가는 달빛이란 것을
저는 알아요
어머니처럼 남다른 사랑을
속으로 집 짓는 거라는 것을
저는 알아요

— 「기린봉에 달 뜨면 2」(제4부) 3연.

곡절 심한 삶의 여정을 거치면서, 어머니의 정한은 궁극적으로 '산다는 것은/ 속으로 사위어 가는/ 달빛'이란 희귀한 깨달음의 명제에 도달한다. 그 사위어 가는 달빛의 음울함과 또 한편의 그 맑음은 미래의 희망을 넌지시 비치는 것도 같다. 사위어 감 즉 이지러짐의 그다음 차례는 어김없이 차오름인 것이다.

3. 절절한 그리움의 바다

어머니의 삶으로 소급되는 정한 미학은 시인 본인이 겪은 삶의 궤적으로 이동하면서, 또 다른 양상의 축, 즉 모종의 연모와 그리움이라는 양상을 띤다.

>슬프다
>이제 아무짝에도 쓸모없어
>버려진 줄 모르고
>며칠째
>그 자리를 지키고 있는
>
>바보 같은
>누군가의 자화상.
>
>— 「낡은 부츠」(제3부) 후반부.

'낡은 부츠'로 표상된 그 '누군가'는 곧 화자 자신이다. 이 시는 비단 '낡은 부츠'뿐만이 아니라, 서민적 일상의 온갖 사물들마다에 투영된 슬픈 여성적 자의식의 단면을 단적으로 보여 준다.

'이제 아무짝에도 쓸모없어/ 버려진 줄 모르고/ 며칠째/ 그 자리를 지키고 있는' 그

헌 구두신짝의 바보 같은 자화상은 이른바 피투성(被投性)³의 처절한 처지로부터 벗어날 길은 없을까.

　　외로움 견딜 수 있을 때까지 견디다
　　더 이상 견디기 힘들 때
　　당신을 찾아가면
　　당신은 언제나
　　그 자리에 그대로 있습니다

　　당신을 알고 싶어
　　당신을 찾아가면
　　봄비에 꽃망울 열심으로 피웠다가
　　가을바람에 잎마저 모두 떨어뜨리면서도
　　흔들림 없는 당신의 침묵 앞에

3　독일 철학자 **마르틴 하이데거**(Martin Heidegger, 1889~1976)는 그의 미완성 대저(大著)《존재와 시간》(*Sein und Zeit*, 영: *Being and Time*, 1927)에서, 인간이란 '자의(自意)와 상관없이, 원치도 않은 세상에 내던져진 즉 피투(被投)된 존재'로 규정짓고, 모든 인간이 공통으로 처한 그 상태를 '피투성'(被投性, Geworfenheit, 영: Thrownness)이라고 명명했다. 개별적 인간의 **현존재**(現存在, Dasein)는 세상 속에 '내던져진'(geworfen, 영: being thrown) 것으로, 이 피투 상황은 인간이 제 의지와 무관하게 이 세상에 툭 버려진 실존적 존재의 성격을 나타내며, 주로 이는 불안감(Sorge)을 통해 자각된다. 일개 **다스 만**(das Man, 안일한 일상에 젖어 제 고유성을 상실한 일반인)에 불과했던 우리가 일상의 어느 순간 '난 언젠가 죽을 텐데 왜 여기서 이렇게 살고 있을까'와 같은 불안이 깃든 자문을 하면서, 일단 **자신이 불가피하게 이 세상에 내던져졌다는 '피투'의 존재적 현상을 스스로 깨닫고 지각하게 되면**, 미래의 죽음을 예리하게 의식하고 수용할 마음을 먹는다. 이를 **하이데거**는 '죽음에 대한 선구적 각오성'(覺悟性, 즉 결의성(決意性), Entschlossenheit)이라 일컬었다. 죽음의 결말에 처하게 될 운명을 자각하면, 우리는 제정신을 차려서 삶의 의미를 잘 포착하여 재구성하고자 시도하는데, 이러한 기획을 일러 '**기투**'(企投, Entwurf)라고 불렀다. 우리는 '피투'적 존재로서의 자아를 깨닫고 죽음을 수용할 '선구적 각오'를 품음으로 '기투'를 하여, 비로소 일상적이고 타성적인 **다스 만**에서 벗어날 수 있으며, 그리하여 실존(實存) 즉 본래의 자아로 돌아올 수가 있다는 것이다. **안경례**의 시편에 나타난 피투성의 심상은 그렇게 뚜렷하지 않아도, 그의 시편들에서 간간이 목격되는 그 흔적은 차후 연구 과제로 남는다.

나는 아무것도 물을 수 없습니다

강물 속에 산 그림자 드리우면
강물은 더욱 깊어지듯
빈 가슴 가득 채워 주는
당신의 넉넉함 하나만으로도
나는 아무것도 욕심낼 수 없습니다

내가 외로울 때
찾아갈 당신이
아직 그 자리에
그대로 있다는 이유만으로도
나는 어떠한 외로움도 견딜 수 있습니다.

— 「산에게」(제1부) 전문.

'산'으로 표상된 '당신'은 '언제나 그 자리에 그대로' 있으며 흔들림 없고 넉넉하기에, 화자는 어떤 의혹의 물음을 던지거나 욕심을 부릴 수 없으며, 그 어떤 외로움도 견뎌 낼 새 힘을 얻는다. '당신'의 듬직하고 믿음직함은 현재의 삶이 가하는 고통들을 고이 감내할 힘의 원천이 되는 것이다. 그 '당신'은 절대자인 신이거나 존경하는 인물일 수 있다. 중요한 것은 그가 누구인가에 관한 신원 확인보다도, 생의 역경에서 의지가 되는 대상이 존재한다는 사실이다. 따라서 이 시의 주제는 상징적 '님'을 향한 무한한 신뢰와 그에 바탕한 그리움의 현현이 되겠다.

특히 이 시는 그 시적 표현에 있어서 반복적인 미감이 일품이다. 매 연의 종결어미가 1연 '있습니다' → 2연 '없습니다' → 3연 '없습니다' → 4연 '있습니다' 등의 각운으로 이어지면서, 가능함과 불가능함의 동질감 내지는 일체감을 통해, 궁극적으로 '산' 즉 '당신'을 향한 한없는 신뢰를 천명한다. 그리고 첫 연을 끝 연에서 다시금 반복함으로써 수미쌍관의 구성미를 절묘하게 구비한다.

이번 시집에서 가장 애절한 정서를 소환하는 또 다른 부분은 헤어져 지내는 자식을 향한 모성적 그리움이다.

    1) 제 가슴속에 오랫동안 갇혀 있는
        아, 애들은 **죄수**이어요
        몸 하나 가누지 못하고 자지러지는 **죄수**이어요.
                                      —「옥바라지」(제3부) 끝 4연.

    2) 아무도 모르게
        혼자 간직한 미안한 에미의 마음이
        평생 죄인 되어 남몰래 흘린 눈물이
        고이는 것일까.
                                      —「지리산 옹달샘」(제4부) 끝 6연.

    3) 너를 떠나보낸 뒤 **그리움이라는 종균이 쑤셔 대는 통증**이었을까.
        지금도 **너를 지우려 하면 그럴수록 더 지독히 달라붙어** 나를 꼼짝
        못 하게 한다. 그러니까 내버려 둬야겠지.
        저 스스로 지쳐 죽을 때까지.
                                      —「독감」(제3부) 끝부분에서.

  상기 인용시 1)과 2)에서 볼 수 있듯이, 개인사로 인한 현대판 이산(離散) 자녀를 향하여 '어머니'로서 시인은 무한한 죄책감에서 쉬이 벗어나지 못한다. 다른 작품「무기수(無期囚)」(제3부)도 이와 궤를 같이한다.
  이러한 별리에 대응하는 시인의 모성애는 극한의 신체적 고통을 수반하는데, 3)의 사례가 그것이다. 심한 몸살기를 동반한 감기의 신열과 노선을 함께하는「감기」에서는, 그 점이 '소리 내어 이름 부르고 싶어도/ 목젖이 부어올라 입 속에서만 맴돈다'나 '보고 싶은 마음은 약탕기처럼 끓으며/ 밤새도록 나를 앓게 한다.'(「감기」(제3부)에서)

라는 증상으로 표출된다.

한편, 시인의 비통함은 '러브 체인'에 빗대기도 하는데, 전지(剪枝) 탓에 죽은 줄로 알았던 그 넝쿨 식물의 현황에 대하여 '다른 여자의 자식이 된 내 새끼들/ 다른 남자의 아내가 된 에미'라는 기막힌 사정을 이입시킨다. 흥미롭게도, 이 시는 놀라운 반전을 선보인다. 즉 더 무성하게 소생하여 되살아나는, 즉 '한 줄기 잘라 내면 두 줄기 되고/ 두 줄기 잘라 내면 네 줄기 되어/ 잘라 낼수록 더 풍성해지는 러브 체인'의 무한한 생성능력을 깨달으며, 마침내 미래의 찬란한 희망을 본다. 이는 시인 자신의 그리스도교적인 종교성과 무관치 않으리라. (「넝쿨 식물, 러브 체인」(제2부))

안경례의 시의 주요한 한 축을 형성하는 그리움은 다음과 같이 정리된다.

너무 멀리 있어/ 늘 그리운 사랑이여//

꿈속에 있어 깨고 나면/ 늘 허전한 님이여.

— 「산수유 꽃그늘에 앉아」(제1부) 5~6연.

이 시에 돈호법(頓呼法)으로 호출된 절절한 그리움은 **김소월**의 전통적 정서를 환기시킨다. 그 대상이 연모이든 자식을 향한 그리움이든 그 사무침의 폭과 깊이를 확장하고 심도 있게 만든다.

안경례 시인의 특징은 그리움의 극한 애절함에서도 굴하지 않는 미래관이다. 여기에서 시인의 긍정적 생의 에네르기를 느낄 수 있다. 그는 맺힌 한의 풀이를 통하여 미래를 향한 긍정성을 획득한다. 그리고 그 미래는 시인이 나름 사모하는 이상적 낙원성과 무관치 않다.

4. 낙원성의 경지를 향한 동심(童心)의 정조(情調)

시인이 가족사와 개인사를 얽는 그 곡절 많은 생의 여정에서 궁극적으로 지향하는 바는 곧 낙토(樂土) 내지는 낙원(樂園)의 영역이다. 이는 전반적으로 음울하고 애상으로 가득 찬 삶의 비애를 극복하는 경지에서 발화(發花)되고 시화(詩化)된다.

> 내 가슴엔 빨간 산호가 자라고 있나 봐요
> 세상에서 제일 깨끗한 홍해 바다
> 깊은 물속에 산다는
> 빨간 산호가 자라고 있나 봐요
>
> 파장이 짧은 빛을 흡수해
> 파장을 길게 만들어 방출하고 있어요
> 빨간 산호같이 눈부신 아름다움을
>
> 아내의 가치를 산호보다 훨씬 귀하다고 하니*
> 내 온몸의 노역, 전신의 힘을 더하면
> 어느새 빨간 산호 반지로 빛나고 있네요
>
> 넓은 바다 깊은 자리에
> 나뭇가지 모양의 군체를 이루며
> 날마다 키를 높이는 내 빨간 산호
>
> 세상의 비바람 속에서도
> 날마다
> 무엇이 빛이 되는지
> 무엇이 파장이 길지 살펴보고 있어요
>
> 속으로 갈수록 단단함을 다지는 것은
> 오직 당신만을 위하려는 굳은 다짐이어요.
>
> * 성서 잠언 31장 10절
>
> ―「산호반지」(제1부) 전문.

이 화사한 연가(戀歌)는 '내 가슴'을 '넓은 바다 깊은 자리'로 환치시키는 비유의 힘에서 정서적 기운이 아름답다. 온통 사방을 빨간색 일색으로 번지게 하는 그 찬연한 색채 심상의 힘은 눈부시다. 이 화사함이 표피적인 색채 잔치로 끝나지 않고 내실을 다지는 것은 곧 마지막 연 때문이다. '속으로 갈수록 단단함을 다지는' 내 마음속 산호는 다름 아닌 '당신만을 위하려는 굳은 다짐'인 것이다.

안경례가 궁극적으로 이르고자 하는 낙원계(樂園界)의 경지는 다음과 같은 사랑의 희열과 마음가짐으로 피력되기도 한다.

당신에게 있어 나는/ 가득한 기쁨이고 싶고/
가장 깊숙한 비밀이고 싶어요/
절실한 마지막 사랑이어야 하니까요/
당신의 춥고 어두운 겨울을 잠재우고/
훈훈한 봄을 일깨우는/ 맑고 깨끗한 물이어야 하니까요
─「**봄에 쓰는 엽서**」(제1부) 2연.

이 시에는 '가득한 기쁨'이면서 '가장 깊숙한 비밀'이고 싶은 연모의 정이 새록새록 묻어난다. 지난한 삶의 여정에서 '절실한 마지막 사랑'이고 싶기에, 늘 수동적인 전통적 여성성은 이제 적극성을 띠기에 이른다. '당신의 춥고 어두운 겨울을 잠재우고/ 훈훈한 봄을 일깨우는/ 맑고 깨끗한 물'이 되고자 하는 연정의 능동성은 미래를 밝혀 준다. 시인은 수동적 그리움이라는 소극적인 정서에 함몰되기를 이겨 내고, 적극적인 솔선 자세의 생동감을 전시하는 것이다.

그리고 이러한 포근하고 낙낙한 마음자세는 곧 천진난만한 시심 본연의 원천으로 회귀한다. 그 시원(始原)은 곧 동심(童心)이다.

1) 햇살이 눈부신 봄날 아침//
구례 산수유 마을로//

온통 노란 산동 계곡//

　　친구와 나란히 기대앉아 있는 것은/

　　봄날의 어지러움 때문//

　　산수유 나뭇가지에/ 새들이 지저귀는 것도/

　　봄꿈의 눈부심 때문.

— 「봄꿈」(제4부) 전문.

2) 이슬비 내리는 아침/ 창을 열고/ 턱을 괴고/

　　목련꽃들 비 맞는 거/ 하염없이/ 바라보았다//

　　목련꽃들하고 주고받은 이야기/ 오 분쯤 지나고/

　　보슬보슬 이슬비하고 주고받은 이야기/ 십 분쯤 지나고//

　　내 가슴속에/ 또 다른 목련나무가 생겼다/

　　내 가슴속에/ 또 다른 이슬비가 내렸다//

　　저 정원 마당엔 눈에 보이는/ 목련나무 흰 꽃들이/

　　빗방울에 톡 톡 톡/ 내 가슴 마당엔 눈에 안 보이는/

　　목련나무 흰 꽃들이/ 빗방울에 촉 촉 촉.

— 「하염없이 2」(제4부) 전문.

3) 햇살이 비치는/ 거실 창가에/

　　작은 화분들을 줄지어 놓았습니다//

　　오늘 이른 새벽에 나와 보니/

　　잠을 설친 바이올렛 행복한 몸짓으로/

　　꽃망울을 터뜨렸습니다//

　　몇 밤을 새우고/ 몇 달을 애태우며/

　　몰래 감추었던 비밀을/ 끝내 드러내었습니다//

　　때가 되면/ 이 마음 아실 이를 위해/

　　달려오시리라는 떨림으로/ 가녀린 줄기 위/

　　보라색 꿈을/ 하나하나 등으로 매달겠습니다.

— 「바이올렛 꽃」(제4부) 전문.

이상의 작품들이 동화적 정취로 충만한 것은 **안경례** 시편의 본성인지도 모른다. 이 시편들은 한 폭의 회화적 시각성에 큰 방점을 둔다. 작품 1)은 노란색으로, 작품 2)는 흰색으로, 작품 3)은 보랏빛으로 찬연한 색조의 눈부신 회화성을 유감없이 진열한다. 더 나아가, 작품 1)은 '[사람인] 친구'와 '[동물인] 새'와 '[식물인] 산수유꽃'이 혼연일체를 이루는 동화적 낙원계를 조성한다. 작품 2)는 이슬비와 목련의 심정적 교류를 통해, '내 가슴속에/ 또 다른 목련나무가 생겼다/ 내 가슴속에/ 또 다른 이슬비가 내렸다'를 통해, 천지조화의 경지에 오르기를 시도한다. 또한, 작품 3)은 '몇 밤을 새우고/ 몇 달을 애태우며/ 몰래 감추었던 비밀'을 '보라색 꿈'의 '등[불]'로 격상시키는 성취의 희열을 누린다. 이 모두는 구상과 비구상 그림의 적절한 배합과 조합을 통해 언어적 회화성을 곱다시 이룩한다.

안경례 시인은 화가 즉 회화전문가답게 여러 색채의 특성들을 언어예술로서 피워낸다. 기실, 필자 같은 문외한이 미술에 대한 미약한 조예도 별로 없이 화풍에 대하여 미주알고주알 늘어놓기가 외람된 일이나, 시인의 곡절 많은 여린 손끝이 기를 모아 응집시켜 내는 그 뜨거움을 어느 열정의 온도로 측정할 수 있을까 싶다.

5. 한풀이의 제의(祭儀)와 해조음(海潮音)의 낙원성

안경례의 시 세계가 조성한 두 축은 1) 전통적인 한국 어머니의 고통에 찬 애환 및 2) 연정과 그리움의 정서로 구성되어 있다. 그 두 축은 긴밀한 상호연관성하에, 소라껍질처럼 감도는 그 나선형 구조를 한 꼭짓점으로 모아들인다. 그 지점은 곧 한국시 고유의 정한(情恨)인 바, 이는 그의 시적 신원이 천성적으로 착실한 전통 서정미의 수호자임을 밝혀 주는 동시에, 한편으로는 이성 위주의 합리주의적 과학성에 쉽사리 영합하지 않는 서정미학의 시인임을 입증해 준다.

안경례의 시가 조성한 시적 담론은 불우한 소시민적 개인가정사의 신고(辛苦)를 기본 얼개로 한다. 그 시편들은 친모의 삶과 그 환경하에서 자란 시인 자신의 생애를 바탕으로 하여, 한국 여성의 전형적인 애환과 질곡을 그대로 담지하는 것이다.

언어예술적 '시 쓰기'의 '말한다'는 '보여 준다'의 행위로 귀결되므로, 안 시인이 시도한 발화(發話) 창출의 언어들은 자아의 삶 자체로 초점을 정직하게 집약시킨다. 시적 분식(粉飾)의 위장에 휘몰리는 일이 없이 리얼리즘 수법으로 구현된 그의 파란만장한 삶의 구구한 사연들은 이 땅의 시대적 '여자의 일생'을 보편화하여 '보여 주기'로 시연(示演)한다. 그리고 그는 그 기나긴 여정의 노선 끝에서 '낙원(樂園)'의 이상계(理想界)에 당도하고자 하는 지극한 염원을 숨기지 않는다. 그 시적 보여 주기의 귀착점은 곧 '낙원지향성'이다. 그리고 그의 낙원성은 정한(情恨)의 심미적 승화를 통해서 당도하게 되는 저 '위의 경지'인 것이다.

이제 그 낙원지향성의 시 작업에 있어서 기법의 문제가 대두된다. 대체로 시인은 자신이 품게 된 정서의 다양한 층위와 속성을 어떤 구체적 사물로 빗대어 표출함으로써, 사물의 일상 의미를 시인 나름의 개별화와 주관화로 변용시킨다. 그 필터링(filtering, 여과) 과정을 통해 새로이 거듭난 사물의 어떤 독창적 의미가 본래의 보편적 성격과 함께 표출될 때 대(對)독자 감응의 교감망을 촘촘히 구축하게 된다.

그런데 일반적으로 시인이 규명해 낸 사물의 의미가 과도하게 주관적인 영역에 갇히면, 독자는 공감과 이해를 도출해 내는 데 낭패감을 느낀다. 이른바 독해의 교착 상태에 빠지는 것이다. 그리하여 시 읽기의 민망함과 고단함이 가중되면서 때로는 '난해'의 성곽에 매달리거나 '유치한 직설'의 늪에 수몰되기 때문에, 시인은 자신의 관념적 추론과 그것의 문학적 표출에 있어서 독자와의 정서 교역에 실패하기 십상이다. 필시 이는 시인의 기자재나 시설재가 너무 천재적이거나 너무 이기적인 경우인데, 여기서 시인의 고뇌가 커진다. 자신이 구현한 시적 창의성을 독자라는 타인의 감식안과 적절히 영합시키지 못한 채, 자아도취적으로 시 작업을 밀어붙이는 오기나 천재성은 아무나 발휘할 일이 아니다.

오늘날 대부분의 시에 있어서 그 격이 떨어지는 가장 근본적인 이유는 시인 자신의 인생 체험과 시에 표출된 형상화 사이가 큰 간격으로 이반되어 있기 때문이다. 즉 자연 친화나 과도한 애상 및 인생 찬미와 제 경험의 미화 등이 대책 없이 과장되거나 가장(假裝)되어 시종 통제되지 않는 정서로 일색을 이루는 수가 많은 것이다. 그것은 마치 외국 영화의 장면과 그 대사를 말하는 성우의 음성이 맞지 않는 경우와 같다. 음성 더빙이 일치하지 않는 영화를 관람하기란 참 곤욕스러운 일이다.

인간의 의식을 이성과 감성으로 구분할 때, 근대 이후로 현대시학이 좀 더 이성적 사유로 기우는 것은 분명한 사실이다. 시적 대상으로 삼는 우리 주변의 일상적 '기존' 사물을 '탈기성(脫旣成)'의 방식으로 형상화하고 재현해 내는 일은 모든 시인들의 과업이다. '탈기성'이라 함은 '낯이 설 정도로 전혀 새로운 성격'을 의미하며, 또한 추상적 관념을 구상화하여 언어예술로 표출하는 그 사유 과정에 있어서 감성적 주정주의보다는 이성적 주지주의의 사고를 중시한다는 뜻이다.

현대에 들어 어차피 모든 예술은 작위성을 띠기 마련이다. 순간의 영감에 의하여 순식간에 술술 써 젖힌 작품들도 나오기 마련이지만, 대체로 예술가의 일생에 있어서 그러한 경우는 드물다. 특히 현대에 이르러 대부분의 예술작품들은 노고를 기울여 다듬고 또 다듬은 결과, 마침내 산출된다. 즉 일정한 제련(製鍊)이나 도야(陶冶)가 필요한 것이다.

도야가 잘 된 시는 독자의 정서에 호응한다. 그 정서라 함은 그 어떤 체험들에 의하여 형성된 독자의 신체 감각이나 상상력의 정신 및 지성 등의 총화이다. 시가 독자와 거래하는 모종의 감응적 교역에 있어서, 상호 간에 자아끼리의 인격적 본질이 소통하고 교류하는 일은 중요하다. 서로 살아온 인생 경험이 각자 다른 시인과 독자가 공감을 느끼면서 그 경험이 마치 내 경험인 양 정서적 교집합을 조성할 때, 비로소 감동의 영역은 깊고도 넓어진다.

이제껏 그래 왔듯이 앞으로도 **안경례** 시인이 이러한 사안들은 숙지하면서, 한풀이 해원(解冤)의 제의(祭儀)를 마무리하고 마침내 해조음(海潮音)의 낙원성에 이르는 시업(詩業)을 지속적으로 성취해 나갈 때, 그의 언어예술은 인간의 삶에 대한 깊은 이해와 공감을 확보함과 동시에 진정한 휴머니즘의 영역 안에서 흔연(欣然)한 유영(遊永)을 즐기게 되리라 믿어 의심치 않는다.

후기

이 밤
시집을 내라고 하시던 시인 이병훈 선생님과 시인 이희찬 님이 보고 싶고,
화집을 만들라고 하시던 화가 박남재 교수님도 보고 싶다.

참 고마우신 은인 세 분. — 살아 계셨다면 얼마나 기뻐하실까?
다들 먼저 고인이 되어 더욱 그립다.

돌아보면 고비 고비마다 나를 일으켜 세워 준 사랑했던 사람들,
사랑하는 사람들, 더 사랑해야 할 사람들………
초등학교 때 만나 지금까지 언제나 내 곁에서 힘이 되어 준
친구 방영희와 김양선이가 있어 행복하다.

너무 늦은 나이에 만났지만 내게 그림을 그리게 지원해 주고,
그동안 써 놓은 시와 그림을 한 권의 책으로 묶어 준 남편 박정대 씨.
내 마지막 사랑이자 끝사랑이 되어 줘서 고맙고 행복하다는 말씀 드리고 싶다.

두고 온 내 자식들이 보고 싶을 땐
파바로티의 카루소를 크게 틀어 놓고 듣고 또 들었다.

내 생전에
사랑하는 아이들이 내 시와 그림을 볼 수 있을까?
시화집을 만드는 오늘은 슈베르트의 봄꿈을 듣고 싶다.

꿈을 꿀 때면 겨울 나그네의 주인공보다 행복하다고 생각한다.
추억 속에 있는 봄이 시도 때도 없이 찾아오듯
나에게도 봄이 어김없이 오겠지.

아참, 평론을 써 주신 존경하는 정휘립 교수님을 향한 고마움 늘 잊지 않겠다.

오래 고민하다가, 졸시 「산에게」 2연 5행의 '침묵'을 따고
「하염없이」 연작의 제목을 이어 붙여서
시집 제목을 '침묵은 하염없이'로 정했다.

출전

1987년	군산예총 백일장 시부 장원/ 토요일.
2000년	자유문학 봄 제35회 청소년시부 신인상 등단/ 기린봉에 달 뜨면 1, 2. 옥바라지. 산호반지. 봄에 쓰는 엽서.
2000년	자유문학 가을/ 인연. 미망인 1. 늦가을 밤에 달을 보다.
2002년 3월	월간 문학공간/ 겨울의 한복판에서.
2005년 5월	월간 문학공간/ 헝겊 해바라기 꽃.
2005년 5월	문학 저널/ 산속을 거닐며.
2007년 6월	청소년문학 제1집 생각하는 꿈밭에서(월간문학 출판부)/ 이후로도 오랫동안. 벚꽃에 바람 불다. 상봉.
2007년 7월	월간 문학공간/ 인생은.
2007년 12월	청소년문학 제2집 사색의 오솔길에서/ 지리산 옹달샘. 오마 샤리프. 해바라기.
2008년 6월	청소년문학 제3집 별나라 글나라/ 허수아비. 걸레. 모노 환자.
2008년 12월	청소년문학 제4집 더 깊게 더 넓게/ 소금. 춘포 간이역에서. 유년시절.
2009년 6월	청소년문학 제5집 시마을 글마을/ 봄꿈. 채석강. 산수유 꽃그늘에 앉아. 산동면의 봄.
2009년 12월	청소년문학 제6집 시사랑 글사랑/ 신혼부부. 설록차. 화병 속의 장미 1.
2010년 6월	청소년문학 제7집 시문학 글자랑/ 재산세 자진신고. 감기.
2010년 12월	청소년문학 제8집 꿈너머 꿈/ 채송화 꽃. 하염없이 2.
2021년 하반기	미당문학/ 넝쿨 식물. 러브 체인.
2022년 상반기	미당문학/ 날아간 동백화분.

안경례

1951 전북 군산 출생
2000 자유문학 청소년 시부 등단
2001 한국문인협회 회원
2013-2015 신수회 정기전
2016 미술인 희망동행전 (서정아트센터)
2018 Korea Art Festival Art Fair (KINTEX)
2019 프랑스 옹플뢰르 국제작은작품 미술제 초대전
2021 행복한 동행전 (제이앤갤러리)

수상
2015 평화미술대전 특선
2017 충북미술대전 특선
2018 대한민국 미르인 미술대전 우수상

현재
한국문인협회 회원, 신수회 회원